王建国　贺建军　编

# 企业文化的五行法则

## ——第24条“潜规则”

QIYEWENHUA DE WUXINGFAZE

上海科学技术文献出版社
Shanghai Scientific and Technological Literature Press

图书在版编目（CIP）数据

企业文化的五行法则：第 24 条“潜规则”/ 王建国，贺建军编．—上海：上海科学技术文献出版社，2014.7
ISBN 978-7-5439-6302-3

Ⅰ．①企… Ⅱ．①王…②贺… Ⅲ．①企业文化—企业管理 Ⅳ．①F270

中国版本图书馆 CIP 数据核字（2014）第 131703 号

责任编辑：应丽春
封面设计：徐　炜

企业文化的五行法则·第 24 条“潜规则”
王建国　贺建军　编
出版发行：上海科学技术文献出版社
地　　址：上海市长乐路 746 号
邮政编码：200040
经　　销：全国新华书店
印　　刷：常熟市人民印刷厂
开　　本：890×1240　1/32
印　　张：7.25
字　　数：168 000
版　　次：2014 年 7 月第 1 版　2014 年 7 月第 1 次印刷
书　　号：ISBN 978-7-5439-6302-3
定　　价：29.80 元
http://www.sstlp.com

# 前言

## *Foreword*

中国大多数企业管理者应该看到过《左右我们生活的23条潜规则》一书。它陈述的内容都是定律、法则、效应等，如：团队的软肋——木桶定律；无处不在的不平衡——80/20法则、彼得定律、墨菲定律、青蛙现象光环效应、罗森塔尔效应等“潜规则”。这些定律、法则和效应对企业管理有相当的针对性，也具有普遍指导意义。

在企业管理实践中，我们又受到了许多企业管理管理书籍的影响，这些书籍不断推出新的思想和理念，用大量的故事、案例、模型等证明这些新观念、理论、工具的有效性和实用性，的确很有思想性、可读性和启发性。但是，笔者30多年在世界500强央企里，从事现场基层管理工作，在具体的管理实践中，总感觉到这些书籍在企业文化实践管理中实际操作性还不是很强，现状与理论有差距。为什么有些企业管理一严就死，一松就散？为什么有些新任管理者喜欢折腾？为什么一些管理者的理念会在执行中走样？为什么有些企业的定岗定编到现在还不能执行到位？为什么有些很好的制度、工具、模型一直在用，但安全问题、质量问题照样发生？从而，笔者试图理出一些类似“23条潜规则”的具有共性的、可操作性的企业文化管理的一般规则。

经过长期的实践，笔者通过对企业应用文化发展方向的研究，终于找到了企业文化管理发展的一般规则——企业文化的五行法则，即：理念、目标、制度、标准、行为（以下简称法则）。这个"法则"是继左右我们生活的"23条潜规则"之后的又一条潜规则，所以笔者将其称为第24条潜规则。

目前，一些企业管理者对企业管理到底是管理什么、是经营"人品"还是经营"产品"、是"人本"价值第一还是"物本"价值第一，认识不统一、不清楚。原因是，他们不清楚"五行法则"相互影响、相互作用的基本逻辑，不清楚单个的制度、工具、模式等往往是一把双刃剑，它既调动人的积极性，也容易影响人的积极性；不清楚一些制度不能解决的问题，可以按照企业文化法则运行的逻辑来解决。"法则"能较好地平衡利弊，趋利避害，通过文化柔性管理的影响力，来盘活人的积极性、能动性，打造出世界一流的企业队伍。

有些外国企业管理者已经认识到企业文化的力量，但是他们没有系统地认识到企业文化"法则"运行逻辑，也没有清晰认识到企业文化"法则"有两种规则在交叉作用：一种是"显规则"的影响力，它是正面引导企业运行的管理制度；另一种是"潜规则"的影响力，它是作用于"显规则"的负面规则。企业优秀的管理者一定要关注这两股力量作用的影响力。

由此，本书思路有三层含义：一是从应用文化的角度探索企业文化建设，对企业文化管理给予指导；二是企业文化管理不能离开企业管理的基本属性对象，所以，本书结合了一些大、中型国企管理的实践经验；三是针对某些企业管理书籍从企业文化角度看，实践性和操作性不强的现状，试图整理出一些有规律性的企业文化管理模式。

因此，本书突出了企业文化"法则"的运行，抛出了企业文化管理怎么做的共性课题，期望读者阅读后能融会贯通，以帮助成长中的小微企业走上成功的快速通道。

# 序
# *Preface*

本书作者之一的王建国在中国最具竞争力的钢铁联合企业宝钢集团有限公司工作，亲自参与并推动高级人才评估和企业文化塑造的工作；而另一作者贺建军又亲自研发了“企业管理成熟度测评方法”软件系统。现在他们二人合作编写了这本《企业文化的五行法则——第24条潜规则》。中国传统的五行概念和中国悠久的历史文化巧妙地形成了一种特殊的相生关系，两位作者则以这种特有的中国哲学逻辑来印证企业文化的五个构成要素，堪称是另一种特殊的观察角度。

在日本，百年以上的企业竟有两万多家，两百年以上的企业也有一千两百多家。而历史长达四千年以上的中国，真正两百年以上的企业才只有九家。这中间的差距绝不是用生产技术可以解释的，我认为其根本原因就是对优良企业文化的坚持，例如诚实、守信、用心投入。

自改革开放迄今，倏忽也已三十余年。我国的产业经济正迈向一个巅峰，但接下来的是不是一个滑坡，那绝对是对企业有没有优秀的价值观（也就是企业文化）的一个考验。

开卷有益，但愿本书能给读者带来一个崭新的视野。

名仕领袖学院院长**余世维**推荐

CONTENTS

# 目录

# 第一章
# 企业文化需要与时俱进

企业文化必须在时代变迁中，不断地修正和完善。建设企业文化需要结合内部环境和外部竞争要求来构架和推进。

在当前的市场环境、政策环境、法律环境、国际国内竞争等综合因素影响下，企业文化能帮助企业适应巨变的环境，并取得竞争优势。

当下，市场环境五大趋势暗流涌动，即：

**大数据时代** 企业制衡环节，将逐步由人情化转向数据化的趋势；

**互联网时代** 改变传统营销模式，将逐步由连锁店面化转向互联网络化的趋势；

**3D技术时代** 成本、效率、流程等发生革命性变革，将逐步由产品流程化转向打印化趋势；

**经济全球化时代** 行业规模重组，将逐步由区域化转向国际化全球资源整合的趋势；

**服务化时代** 将逐步由战略管理转向文化管理服务的趋势。

因此，谁不能把握趋势性的潮流，谁就会被潮流所吞没！谁能顺势而为，谁就会在困境中崛起。

## 第一节 企业文化发展轨迹方向

中国文化的发展，有着悠久历史，本文是没有能力作一个全面回顾的，所以，本文只能简单地回顾文化与企业文化的一些概念。

要在企业文化的发展过程中，寻找一些有规律性的法则把法则说得靠谱一些，首先要回顾什么是文化概念？中国学者对文化的概念有许多说法，对企业文化的概念有许多版本。

什么是文化？辞海版本解释为：人类社会历史实践过程中，所创造的物质财富和精神财富的总和。

什么是文化？余秋雨到宝钢集团有限公司（以下简称宝钢）上过一次课，主题是“从世界文化看中国文化的过去、现在和将来”。期间，说到文化的概念，他是这样表述的：“文化是一种已经习惯了的精神价值和生活方式，它的最终成果是集体人格。”文化有各种各样，以农业为主叫农耕文化、以游牧为主的叫游牧文化、以海洋为主的叫海洋文化等。

随着文化概念的发展，华东师范大学教育学系郑金洲教授收集的文化定义已有310余种。

虽然人们对文化的概念还没有达成统一意见，但是我们可以看出文化的发展是随着社会环境的变化而变化的，同样，企业文化也需要与时俱进。中国的崛起之路所需的是文化支撑。当我们解释了什么是文化，再来研究什么是企业文化时，就有了方向。

20世纪70年代末80年代初，日本经济实力的强大对美国乃至西欧经济形成了挑战，人们注意到了文化差异对企业管理的影响，并进而发现了社会文化与组织管理的融合——组织文化，由此掀起了一股从企业文化的角度思考经济组织活动的热潮。几乎是在同时出版的四本畅销书——威廉·大内的《Z理论——美国企业界怎样迎接日本的挑战》(*Theory Z: How American Business Can Meet the Japanese Challenge*)(1981)、汤姆·彼得斯和罗伯特·沃特曼的《追求卓越——美国优秀企业的管理圣经》(*In Search of Excellence: Lessons from America's Best-Run Companies*)(1982)、特雷斯·迪尔和阿伦·肯尼迪的《企业文化》(Corporate Culture)(1982)、理查德·帕斯卡尔和安东尼·阿索隆的《日本企业管理艺术》(*The art of Japanese Management*)(1981)——奏响了这场"运动"的最强音,被称为组织文化的"新潮四重奏"。

其中,美国企业界开始研究日本企业的管理方式,发现理性化的管理缺乏灵活性,不利于发挥人的创造性和企业长期共存的观念,而塑造一种有利于创新和价值观与心理因素整合的文化才是企业长期经营业绩和企业发展的关键。

企业文化理论诞生伊始,就有两条路:一是纯粹型企业文化,一是应用型企业文化。纯粹型企业文化理论认为企业本身就是文化的一部分,即解释为非企业形态的内容,认为企业文化并不具体解释企业的运行过程。应用型企业文化理论认为,现在的企业管理已经由经验管理、科学管理、战略管理进入到了文化管理的阶段。企业文化应该具有指导性、操作性便于解决企业的实际问题,企业文化要落地。

追寻企业文化定义、解说的变迁,笔者经过思考,可以概括为两种基本思路及由此引出的问题:一是侧重于西方契约社会的制度、流程、标准的量化思路。问题是制度、标准等,它能覆盖企业组织、员工所有的行为吗?二是侧重于中国企业的文化、精神、理念、感悟的思路。问题是精神、理念、感悟等,它能使员工按照组织规定的方向、目标、速度步调一致地走下去吗?

简单回顾文化的发展潜力,我们可以看出大多数学者和企业的管理者,已经在研究企业文化管理的发展趋势,逐步认同企业的管理将由战略管理转向企业文化服务的管理。

为了深入研究企业文化服务的管理,笔者30多年在央企基层的工作实践中,边干边拜读了美国管理之父泰勒的《科学管理》、美国管理学家约翰·科特的《紧迫感》、余世维的《赢在职业化》、郎咸平的《公司治理》、曾仕强的《中国式管理心经》、卡耐基的《成功之道全集》等100多位大师的管理文章、作品,才找到企业文化管理的核心“法则”,即:企业文化的“五行法则”,它是企业永葆青春的生命力。

企业文化法则的运行,能够把理念、工具、案例、故事,有效地构链起来,有效包容中西文化的精髓,使企业应用型文化管理落地。企业文化法则目的,就是让员工感到自己就是某项业务的专家、领导,能肩负起更大的全局岗位责任。当员工能把领导的理念服务于用户,则企业前途一片光明。

什么是企业文化?网络上有学者解释说:“企业文化的本质就是企业组织行为的习惯与传统。这种企业组织行为的习惯与传统,是在企业发展过程中逐步积淀、渐进养育、长期形成的”。

什么是企业文化?本文解释为:是企业决策者依据资源、制度为解决生存和发展的问题,在组织活动中推进的理念及工作方式,被组织成员认可、遵循,进而逐步养成一种体现企业核心精神、价值取向的行为习惯。

文化概念能够启发人们对企业文化的认识,探索文化在实践之中的运行,但是,它不能替代企业文化“法则”的运行,那么?企业文化管理如何有效运行、落地呢?又如何快速成长发展呢？我想认识到企业文化力量的企业管理者都在思考这个问题。

其实，企业真正的执行力、价值力、影响力、品牌力、创新力等来源于企业文化“法则”的持续运行。哪些企业先认同这个观点，用相同的方式来管理企业，久而之久就会形成企业独特的文化，哪些企业就抢先占领企业文化管理服务的制高点！

## 第二节 企业文化建设现状路径

当前，在企业文化管理中，有些企业的现状是不够系统、不够投入、不够耐心、不够创新、不够激励，更没有找到企业文化管理的共性模式。

**认识上不够系统** 有些企业管理者认为，企业精神就是企业文化，企业文化就是领导文化，企业文体活动就是企业文化，企业思想工作就是企业文化等，没有从文化体系建设传承与创新，以及内外部环境上去认识，把企业文化管理的个性因素，当作共性要素来管理。

**感情上不够投入** 一些管理者在企业文化建设上，忽视员工的精神需求，缺少感情投入的沟通，仅重视企业的制度建设，结果制度越建越多，操作性越来越差。

**管理上不够耐心** 一些管理者没有认识到企业文化建设是一个循序渐进的过程，不清楚员工观念认同需要一个过程，到行为养成又需要一个过程，对企业文化的过程管理有急躁情绪，导致执行力越来越差。

**观念上不够创新** 思想、理论、观念，跟不上时代步伐，因循守旧，激励机制缺失，导致企业文化管理不能发挥最大作用。

本书的企业文化法则的研究路径是从企业、公司、团队等管理层面、技术层面、操作层面 280 多位自然人、法人的思维产品样本数开始，如：工作规划、计划、方案、项目、模式、管理制度、述职报告，思想小结、工作小结等方面内容，多角度入手，经过长期的观察、分析、谈心、沟通，结果发现其计划、方案等含有“五要素”的管理者，他们团队的绩效就好，反之则差一些。因此，得出的企业文化法则结论，它是企业文化建设必然趋势。

虽然是从个体研究入手，但是，个体的共性特征，可以视同为组织、团队等共同的思想行为模式。因此，我们把企业“五行法则”运行到企业文化管理上去，同样是这个原理，无非是内容发生了演绎变化。

当然，人们的思想认识来源于社会实践，文化“法则”有其特定的对象、环境、资源和对应的关系。但是，长期的管理实践经验告诉我们，在分析一个优秀企业特征时，如果把企业战略、社会环境、物质资源、员工素质、领导艺术、英雄人物、企业文化等不同对象放在间接相关的统一体一起研究时，这样，很难找出企业人本文化规律性的东西，其他企业也很难模仿。而应该在统一体里面去寻找直接相关因素，就像科学家在分析微观世界的物质时，他们在分子里面寻找原子、质子、中子，这样，找出的东西比较有规律性，可操作性比较强。

有些学者说：企业的产品可以模仿，企业的文化不可以拷贝。这句话现在来看有待完善。因为，企业文化法则告诉大家，企业共性文化是可以模仿的，而企业个性文化是不可复制的。企业文化只有通过长期按照“法则”的运行才能养成，企业文化从市场中来到现场中去，再回到市场中去。它的本质是以人为本，螺旋提升人的综合素质,通过人本价值的增值,带动企业产品的增值,实现企业、员工、市场共赢。

## 第三节 企业文化与时俱进典范

宝钢企业文化兼容并蓄,与时俱进。总部位于上海的中国国有企业宝钢集团有限公司(Baosteel)是中国最大的钢铁公司。2012 年钢产量 4 383 万吨,销售收入 2 882 亿元,利润总额 104.2 亿元。同时,宝钢用中国钢铁行业 5%左右的产能,创造了占全行业两成以上的利润。不过,与其同行一样,宝钢在近几年也同样承受着原材料成本高企以及下游需求增速放缓带来的双重压力。

2013 年宝钢股份在许多钢铁行业不景气的情况下,持续盈利了 80 多个亿,关键是企业文化凝聚了宝钢人,才成就了今天的辉煌。

宝钢集团原党委书记刘国胜说:宝钢文化的形成和发展,展示了与时俱进,在不同时期,反映了不同的文化理念、氛围,其主要表现可以分为四个阶段:

**一是创业期(1978～1985 年)** 从开工建设到一期工程投产的。这一时期,宝钢开展了“三感”(光荣感、责任感、紧迫感)教育,提出了“三高一流”(高质量、高效率、高效益,建设一流的钢铁企业)理念。

**二是发展和转轨期(1985～1998 年)** 从一期工程建成投产到三钢联合,宝钢进行了二、三期工程建设,适应计划经济体制向社会主义市场经济体制转轨。这一时期,提出了“五个一流”(建设一流队伍,培养一流作风,掌握一流技术,实现一流管理,生产一流产品),提出了与市场经济相适应的“为用户服务是为人民服务的具体体现”的用户满意文化。

**三是整合期(1998～2003年)** 从三钢联合到新一轮发展战略提出前的这一时期,宝钢提出了“忠诚、认真、严格、不断学习”的企业精神,提出了与宝钢建设精品钢材相匹配的“四精”(精诚、精简、精进、精捷)文化。上钢和梅钢在改革发展中也提出了不少符合先进文化要求的文化理念。如一钢的“求实从严、艰苦创业、开拓进取、振兴一钢”,浦钢的“培养企业精神、抓好职业道德、塑造企业形象”,五钢的“艰苦奋斗、从严要求、开拓进取,争创一流”,梅钢的“艰苦创业、奋发创新”。

**四是新一轮发展期(2003年至今)** 2003年6月,宝钢提出新一轮发展战略。当年下半年起,公司领导和有关人员全面梳理和深入研究宝钢文化的发展轨迹。2004年1月,宝钢提出了宝钢文化的主线:严格苛求的精神,学习创新的道路,争创一流的目标;提出了宝钢的基本价值观:诚信。2007年5月,宝钢提出基本价值观为:诚信、协同。

宝钢文化的主线,集中体现了党中央、国务院和全国人民对宝钢的要求,同时也集中体现了宝钢人的自我追求。宝钢的基本价值观,集中体现了社会主义市场经济条件下,宝钢人对企业经营管理核心理念的认识。宝钢文化的主线和宝钢的基本价值观,是对宝钢文化的历史性、概括性总结,覆盖和继承了宝钢的优秀文化传统,并使宝钢文化进入一个新高度、新境界。

在企业文化建设中,宝钢认真学习和借鉴国内外一流企业的先进文化。从国内看,宝钢学习和借鉴了“创新、求是、拼争、奉献”的鞍钢文化,“爱国、创新、求是、奉献”的大庆文化和“自力更生、艰苦奋斗、大力协同、无私奉献、谨慎务实、勇于攀登”的航天文化。从国外看,宝钢学习和借鉴了新日铁文化。

20 世纪 80 年代前期，宝钢花 8 900 万美元购买了新日铁的管理软件，1 000 名宝钢骨干员工东渡日本接受培训。这些年来，宝钢特别注重学习和借鉴美国通用追求卓越的文化。宝钢人对先进的企业管理理念和方法，接受意识和接受能力都比较强。20 世纪 90 年代以后产生的企业再造理论、第五项修炼理论和第五代管理理论，以及信息网络技术在管理中的运用，在宝钢起步都比较早，运用效果比较好。

宝钢文化与宝钢管理的有机融合，宝钢没有把企业文化停留在嘴上、纸上。宝钢文化是管理之魂，宝钢管理是文化之载体；宝钢文化渗透于宝钢管理，宝钢管理体现出宝钢文化。如体现严格苛求精神的“五制配套”（以作业长为中心，以计划值为目标，以设备点检定修为重点、以标准化作业为准绳，以自主管理为基础）的基层管理模式，厂区环境治理，6 西格玛精益运营管理方法的运用；如体现学习创新道路的体制创新（1986 年实行主辅分离，1998 年以宝钢为主实现三钢联合，2005 年起实行钢铁主业一体化运作、建立品种管理部，2005 年建立外部董事制度）；技术创新（在引进、吸收、消化的基础上推行开放式自主集成创新，专利的快速积累）；管理创新（不断完善培训体系，打造战略供应链体系，发展产销研一体化虚拟组织）；体现争创一流目标的持续开展的与国际先进水平的对标找差活动（宝钢提出 2012 年钢铁主业综合竞争力进入世界前三强）；体现诚信基本价值观的协同办公平台。

这里，对以“用户满意”为特色的文明单位创建活动略作展开。宝钢在一期工程建设投产后，以职业道德建设和厂规厂纪教育为重要内容，开展创建文明单位活动。从 1996 年起，在建立社会主义市场经济的背景下，为适应企业发展战略的要求，干部将创建“文明单位”改为创建“用户满意文明单位”。维持，实施了以 TSM

工程——全方位满意管理工程为运作方式的CS战略——用户满意战略”。(摘自刘国胜《政治核心作用论》)

在公司文化的影响下,下一级分厂纷纷提出了许多创新的观念,如:“产品就是人品”的观点;主动跟踪用户信息从一而终,主动为用户解惑从中指导,主动满足用户要求从严苛求的观点;标准加α等观念。其中,“产品就是人品”一文,1995年8月参加《求是》杂志举办的“维维杯”社会主义市场经济与道德建设征文获纪念奖。

宝钢掌门人徐乐江接受《哈佛商业评论》记者访谈录谈到:20世纪90年代,发生了上海大众因宝钢汽车O5板存在质量问题而停止采购的事件。宝钢领导层将“O5板事件”视为“宝钢建厂以来的最大事故”,要求年内必须将丢失的汽车板市场全部夺回来。事实上,宝钢当时并不具备批量生产O5板的能力,综合成材率仅有20%,这意味着做1吨就要亏1吨。此次遇到停止采购的情况,有人认为不如就此罢手。但宝钢高层却做出相反的决策,依据是:当时“桑车满地跑,浑身进口料;海尔满商场,没有国产钢”的状态不可能也不应持续下去,中国汽车工业刚起步,市场潜力巨大。几年后,宝钢汽车板果然踏准了中国汽车工业大发展的节拍,占据了国内汽车板市场的半壁江山。

回过头来看,市场丢失,使管理层明确提出“年内必须将丢失的汽车板市场全部夺回来”。“国产汽车板要替代进口板”,显示了管理层正确的决策理念、决策水平和决策能力。企业文化适应了市场环境。

O5板综合成材率由原来20%上升60%要赶上新日铁,是当时确定的目标,围绕O5板的成材率宝钢成立了攻关小组,制定了一些相应的攻关激励制度,攻关小组出台了108条技术标准,后来一些有些分选、打磨(一种检验O5板表面质量行为要求)等标准转化为员工的岗位规范行为。现在不分品种规格，O5 板成材率大概 87%左右，与新日铁持平。

这个案例告诉我们，企业先进的理念、明确的目标、有效的制度、严格的技术标准、规范的行为，是企业管理成功之道。使文化法则有轨迹运行。这种看不见的东西有人摸到了一些规律，把它文字化的表述出来，就叫做规则、法则。不管你认识到还是没有认识到，它都在按照轨迹运行，就像孔子所说；“天有言乎，四季更焉”，意思是“老天不说话，四季照样春、夏、秋、冬在变化”。认识到企业文化法则运行的力量，就会起到春播秋收的作用。

# 第二章
# 企业文化法则的概念、关系、作用

企业文化五行法则具有相互影响、相互作用的关系。它类似中国五行传统文化精髓。不管在哪一个环节出了问题，都会影响企业管理的整体效应。

## 第一节 企业文化五行法则基本概念

企业文化五行法则，是指企业在安全、生产、经营、发展活动中，坚持以人为本，并依据企业理念、目标、制度、标准、行为的流程规则，推行企业现场管理的一种文化运行的模式。它是企业内在文化管理的一般规律。

遗憾的是现在有些企业管理者探究的仅仅是理念、制度、体系、工具、模式、平台，流程等，成效并不明显。这不意味着这些思路、方法、工具有误，而是这些管理者没有找到它们之间内在的必然联系、主次关系、运作逻辑，所以往往导致今天用这个理念，明天用这个工具，后天用这个模式，幻想企业一招制胜，马上从优秀走上卓越，这是企业不成熟的标志。其实，要保证在行业内基业常青，没有长期的文化积淀是不可能的。可以这么说：有一定规模的企业，通过科学管理，提升管理效益，在一年左右短、平、快地扭亏为盈是有可能的。但是，企业没有一个主流的文化五行法则的运行平台，要想确保企业持续发展，道路是非常曲折的，前途是基本渺茫的。一般来说，企业引领行业的标准权、话语权、定价权没有30年以上的文化积淀是很难做到，当然，凡事皆有例外。

本书就是通过与合作伙伴在中国上百家企业的辅导调研报告得出的认知：不管是西方学者的作品、观念、理论、经验的高度总结，还是“贯标”制度体系的闭环的案例教学，中国企业大多从本土文化角度思考，缺乏指导的共性，大多采用从自身利益出发的管理模式，没有把各个点上本土文化的知识放大到国际化文化中去思考，没有把双方有机的共赢利益串联起来系统思考，更没有找到跨文化的必然的企业文化五行法则的逻辑关系。

因此，不管什么先进的理念，不管什么先进模式，不管什么先进的工具，其全局意义上的指导性，创造性、复制性不强，特别是针对不同企业，不同发展阶段时，更加得不到小微企业认可。比如质量贯标应该说从制度管理体系层面上看，是比较容易复制和操作的工具，有相当的合理性。但是，在有些小微企业的管理者看来，是弄虚作假的事情，员工不会真的这样去做，对企业管理帮助不多。而大多数中大型企业，也是在长期“两张皮”的徘徊中逐步得到认可，可以这么说，质量好的企业、有盈利能力的企业、有品牌影响力的企业，这方面的工作是做得比较好的。

但是，从制造行业的企业文化管理的发展空间看，质量贯标替代不了文化五行法则运行，因为，质量贯标的主要对象是企业的产品，而企业文化五行法则的主要对象是企业职工人品，说到底是企业究竟是人本管理第一，还是物本管理第一的问题。而本书坚信企业必须坚持人本管理第一，没有这个观念不行，树立了这个观念不落实不行，如何实践人本第一，按照企业文化五行法则运行模式，将会给企业带来意想不到的效果。

## 第二节 企业文化五行法则影响、作用

企业文化“五行法则”相互影响、相互作用，深刻地理解其含义，是企业文化建设的基本功，它能打开管理者的思路，在提高员工素质的同时，加速企业目标实现。

### 一、企业文化五行法则相互影响的含义

**理念影响目标** 理念只有通过量化的目标，才能落地、否则就是空中楼阁。目前有些管理者，在不同场合发言过程中对理念的认识自相矛盾，有褒有贬，有时候讲理念的重要性，有时候又说理念是空的东西，其实是对“不同阶段的理念跟随不同的目标”的规律认识不是很清楚，所以理念影响目标。

**目标影响制度** 制度具有规范、约束等功能，而目标没有制度（包括纪律）保证，就难以实现，所以目标影响制度。

**制度影响标准** 制度的规范、约束等功能，一般是明确职责及事后行为的追究，对个体而言缺少事前要求的标准。因此，只有把制度变成标准时，对个体而言才具有事前操作性，所以制度影响标准。

**标准影响行为** 企业是通过各种标准来严格规范员工行为，如工艺标准，岗位操作标准等，从而生产出合格的产品，所以标准影响行为。

**行为影响理念** 从根本上来说，认识来源于实践，实践产生于理

念，理念形成理论、思想体系，而又指导于行为，所以行为影响理念。

## 二、企业文化五行法则相互作用的含义

**行为作用标准** 标准的操作性不强，或员工不认可，就会产生标准执行不到位的行为。

**标准作用制度** 标准是制度科学的延伸，当制度转换为标准时，就必须要有操作性。标准若不科学、不完整即会导致制度的落实不到位。

**制度作用目标** 制度的各种规定不能游离目标，脱离了目标制度就不能起到保证作用。比如：安全第一是理念，事故为零是目标。为实现事故为零，需要制定相应系统化的安全管理制度，制度若有缺失或缺乏针对性，就会容易发生事故，制度就不能保证目标实现。

**目标作用理念** 有些管理者往往会在实现目标过程中，背离了初衷的理念，改变方向，这样目标会严重影响理念的落地。

**理念作用行为** 人的行为背后是思想，有了想法以后才会有做法。即理念变行为变。

## 三、现代人对古代五行相生相克的理解

如右古代五行图（图 2-1）

古人认为：金生水，因为地球上最原始的水就是从地球内部转化而来的；水生木，因为水灌溉树木，树木便能欣欣向荣；木生火，因为火以木料作燃料，木烧尽，则火会自动熄灭；火生土，因为火燃烧物体后，物体化为灰烬，而灰烬

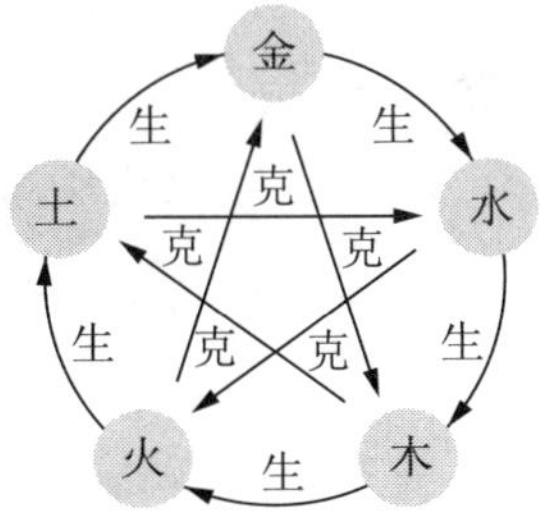

图 2-1

便是土；土生金，因为金蕴藏于泥土石块之中，经冶炼后才提取金属。

金克木，因为金属铸造的割切工具可锯毁树木（有矿的土地不长草）；木克土，因为树根吸收土中的营养，以补己用，树木强壮了，土壤如果得不到补充，自然削弱；土克水，因为土能防水（兵来将挡水来土掩）；水克火，因为火遇水便熄灭；火克金，因为烈火能溶解金属。

古代人对金、木、水、火、土的理解实际上是一种抽象的理解，金不是金元素，它是与金相关需冶炼的物质统称为金，就像我们现在理解的物质，不是具体的物质，而是抽象的客观存在。

同样，本书所指的理念也不是具体的事物，而是指抽象的理念和感情活动。以此类推，理念是指思想、观念、理论、战略，包括感情、心理活动等一系列意识形态的东西。

目标是指时间目标、类别目标、专业技术目标、成本目标、差异化目标，把可以量化的事物特质通通归纳为事物目标。

制度是指体系、流程、规定、办法、职责、职能、模式等一些规范性要求的属性归纳为制度。

标准是各种各样的标准，例如工艺标准、技术标准、备件验收标准、质量放行标准等。

行为是指员工的各种各样的行为，例如岗位行为、操作行为、品德行为等一切有动作规定的要求等。

本书之所以采用这种方法，是因为现代企业管理的知识太多，新手上路，要摸索很长时间。而把企业管理基本对象和基本属性，归纳为理念、目标、制度、标准和行为。这样管理者容易理解、操作形成一条企业文化管理的主线，把复杂的管理简单化，能提高员工素质，和管理效率，实现企业目标。

右边这张图是本书精华，(图 2-2)它是依据中国古代金、木、水、火、土、朴素哲学思想，结合当今企业文化管理演绎变化而创作。它顺时针原理不变：理念影响目标、目标影响制度、制度影响标准、标准影响行为、行为影响理念。而交叉原理易变为逆时针原理：行为作用标准、标准作用制度、制度作用目标、目标作用理念、理念作用行为。外圈与法则相互联系、相互作用、闭环运行。

图 2-2

企业文化法则运行，是建立在对企业基本属性认识的基础上，有效运行的。对这个问题认识不清，企业文化法则的运行，就不能有效推进。

## 第三节 企业文化“五行法则”人人在用

企业文化法则人人在用。为什么这么说呢？道理很简单，就像一些员工说的，哲学太深奥了，学起来太麻烦，还不如把岗位工作做做好，三六九拿现钞，其实，员工真正把岗位工作做好了，这里面肯定有一些基本的哲学思想在起作用。

同样，企业文化法则人人会在用。我们说个人或是企业管理者邀请对象吃饭，首先，他可能受到了一些理念的影响，比如，有一位学者说“想朋友高兴要学会做东，想领导高兴要学会做事，想老婆高兴要学会做饭”，他想让朋友高兴就做东请客吃饭，我们可以视为他接受了“做东”的理念；其次，他会想到这次请客吃饭预计价格大概是多少，我们视为价格目标(所谓目标管理乃是一种程序或过程管理)；之后，他会想到请客的对象是哪些人，如老同学、老领导、老战友、老部下、老朋友等这些以“五老”为框框的邀请对象，他内心的规定，可以视为组织的制度、办法；接着，他又会想到这些人来自五湖四海，要照顾到他们不同的口味，会想到点一些川菜、本帮菜等，我们可以视为饮食标准；最后，他想到的待客之道的礼仪应该是什么，如接待礼仪、敬酒规矩等，我们可以视同行为规范。

文化法则告诉我们这样一个道理，在生活当中，不管是自然人，还是法人，他们都会有意无意地遵循着一个轨迹在走，当人们把无意识的做法变成有意识的法则去运行的时候，将会起到事半功倍的作用。同样，我们将法则运行到企业文化管理之中，就可以把企业的复杂管理变得更简单了，可以比较清晰地聚焦以人为本的管理，提升员工的综合素质。

# 第三章
# 企业文化法则的应用原则

企业所制定的各种规章制度，制定者大多是有经验的管理者，一般都会写一些原则。为什么呢？因为制度不可能规范覆盖所有行为。制度在管理层面运行时，会遇到一些新问题、新情况，以及制度有没有规定到位的方方面面。这时，管理者可以通过对制度原则的理解，做到既维护制度的严肃性，又体现制度的灵活性。这样，才能取得更好的管理效果。同样，企业文化法则运行要取得良好效果，首先要深入领会其运用的五大原则。

## 第一节 起点延伸原则

企业文化法则的五个环节中任何一个都可以作为工作的起点，但这个起点后面必须符合五个要点的运作和系统思考。比如，员工的执行力不到位，就要针对这个员工的行为，去追溯他是如何去想的，他有目标吗？他有制度吗（包括他内心的“潜规则”的制度和内心的“显规则”的制度）？这种制度有没有形成个人标准？哪些可以做、哪些不能做？不能明确分析、告知也是导致个人行为不规范的原因。若从这个角度分析，任何一个起点都需要满足上述五个要素的系统性。并且需要做一些环节的延伸，延伸又可分为向上延伸和向下延伸，这又叫做延伸的闭环。没有形成圆文化，“法则”是走不通的。

我们现在企业的一些管理者，发现员工在制度层面违反了规定，就拿制度来考核他。至于他为什么会违反制度？鲜有人去深度追踪研究。实际就是没有按照“法则”的五个要素角度去诊断，导致头痛医头、脚痛医脚的现象。中医的针灸理论常常能够表现出较强的交叉路径，头疼不仅医头还要医手，胃疼不仅医胃还要医脚。

放大到以前钢铁行业的布局看，造成现在钢铁产能过剩，主要原因之一是管理者没有系统思考管理到位，钢铁厂有利，资金流就涌向钢厂，大家一哄而起建钢厂，导致产能过剩。当管理者认识到要控制钢铁产能规模的时候，又就事论事地限制产能规模。这是管理者的政策对钢铁行业的战略目标的布局，在起点策划上就出了问题，反映管理者的观念没有转变，缺乏系统思考的能力。“法则”要求每一个点都是一个起点，每一个起点都要遵照“法则”的五个要素去系统思考，“法则”的作用就体现在思维流程序列，相互作用，相互补充，文化法则的包容性的力量就在这里。这个“法则”不管你清楚不清楚，重视不重视它的存在，它都在运行。无意识的运行见效慢，有意识的运行见效快。

## 第二节 及时沟通原则

企业文化的主要体现形式除企业文化活动、企业文化传播、企业行为特征等体现形式之外，更直接、有效的体现形式就是沟通。

“五行法则”的本质是对人讲的，对人就需要及时沟通。就像老话说的“过了这个村就没有这个店”。所谓文化“五行法则”及时沟通原则就是当一个行为发生，要马上跟踪研究，管理者马上按照这个“法则”在脑海过滤，这个行为是属于哪个环节，是正面的还是负面的。比如，一个员工在会上受到了上级领导的表扬，你不能不当一回事，回到本部门还要及时地宣传他的一些思想、传播他的行为。因为，一个员工在会上发言，会后会马上想听到别人对他的评估，就像一个演员完成表演后，希望能听到台下的掌声，道理是一样的。

笔者的单位有一位进厂三年多的大学生，一次我请他在部门里谈谈学习“6个西格玛”的体会。散会以后，我马上对他说：“你对‘6个西格玛’的认识很到位，听了你的体会，我进一步加深了对‘6个西格玛’的理解，坐在我旁边的同行对你的发言也很认可。”他听了马上说谢谢领导的鼓励，他一定会继续努力。之后，他的经验在厂部交流，他的运用“6个西格玛”课题实践成果获上海市二等奖。

所以说企业文化法则一定要体现人本感情沟通、激励的时效性。特别是对年轻人来说，感情沟通、精神激励比奖金激励更有效果，我们现在的管理者对人本管理的精神时效激励不够重视，他们以为激励就离不开奖金。其实，发现好的事情及时激励，再辅助于相应的奖励，效果会更好。管理者要树立“好事及时沟通、表扬、激励，坏事及时批评、通报处理、不放过”的观念。

## 第三节 正反勾连原则

企业文化法则运用中，要关注正向勾连规则。这里所谓的正向勾连，就是企业的文化法则都有特定的指向。没有特定的指向就变成了泛泛而谈的文化理论，它不是企业法则的应用文化。只有指向了特定的对象，结合了实际，企业文化才能有效地运作。而这种勾连对象可以在文化法则前面加上定语。比如，企业管理的文化法则；生活习惯的文化法则；有了定语指向，可以在生活、工作上等有效勾连，然后根据对象，去做这种逻辑轨迹分析。文化法则既要求我们有特定的指向，又要我们用法则联系实际，"正反勾连"地发现问题、分析思考问题，这样文化法则才能起到对应的指导意义。

要想把文化法则运行于企业之中，"法则"不能脱离企业文化管理的基本对象。脱离了企业文化管理的基本对象，文化法则的运行，就不能有效推进。

我们以企业管理的基本属性为例，本书认为：其实，一些有相当规模的企业，其基本属性可以概括为"一大价值"、"五大板块"（下文展开叙述），企业其他管理的运行、模式、发展、延伸，都是在这个基础上演绎变化的管理方式。

反面勾连，就是关注"潜规则"的最大特征。比如：企业管理与创始人个人思想、理念和胸怀对企业的影响是巨大的，管理者要求公司建立的各种制度和规范是"显规则"。但是，管理者的个人风格和喜好，却是"潜规则"。所以，如何从管理者——企业文化的起点，延伸到整个公司，并尽可能克服"潜规则"的负面影响，以形成正向的自我管理，从而使企业有效避免企业文化建设的"暗礁"，以及改善其企业文化建设的绩效。需要将"潜规则"转换为"显规则"，缺乏"潜规则"支持，"显规则"无法发挥作用。因此，"正反勾连"的意义重大。

## 第四节 目标定位原则

企业文化法则运用过程中，如何锁定目标、跟随目标、实现企业的经营目标，以及如何及时发现偏差，做出纠正，如同轮船的“锚”一样，稳住船在海中的位置，是关系到企业战略定位的根本。

企业目标有各种各样的定位，这里所称的定位，特指企业以人为本的管理是企业根本的战略定位。本文认为企业第一基本属性，是企业的人本价值属性，企业的所有管理都应该围绕人本价值，对人本价值的管理，就是要突出员工在管理中的地位，实现以人为中心的管理。其含义：尊重每一个人、依靠你的员工、开发员工的潜能、要塑造高境界、大格局、正能量的一流员工队伍。

盖洛普的研究里有一项很有意思的数据，指的是人类在做决策时，控制感性意识部分的脑电流强度比控制理性意识部分的脑电流强度高六倍。他们发现人们有70%的决定是基于感性因素做出的。而“决定一个员工是否敬业的最主要因素——公司中是否有人关心他，在意他的看法，帮助他成长，都属于感性的范畴。而促使员工离职的首要原因，是他们的经理人没有管理好这些感性因素”。(摘自网络版《21世纪》经济报道)

他想陈述的是，这在企业决策或管理当中，传统的管理理论大多从理性因素入手。例如工资高低、是否被提拔等。而忽略的是人以及感性因素的态度定位。

其实，企业运行的载体到底是人还是物，对这个问题的认识定位是不能颠倒的。海尔公司在这个方面认识是比较到位的，他们认为：企业战略执行要有一大转变，即从经营物转变为经营人。以人为本，即员工通过客户创造价值的同时，体现自身价值。海尔公司的经营战略是研究企业是经营物还是经营人，这是符合目标定位原则的。

企业文化法则的第一基本属性价值，是以人为本的理念、感性等因素。这一点一些企业管理者的认知是不清楚的，所以企业运行的管理载体往往主次不分，他们把计划、体系、工具等作为第一运行要素来管理，看成是企业现场运行的基本模式。他们追求的是企业价值的最大化，把员工行为管理的要求指令化，不知道员工知不知、会不会、愿不愿，盲目考核，结果往往得不到企业价值最大化。

## 第五节 正面传播原则

文化传播能使企业价值增值，企业既向市场输送硬件产品，又向市场输送文化软件产品，文化管理的服务过程要全覆盖“以人为本”的管理理念。

中国的一些企业对文化产品传播的社会价值的认识还不够深刻。有些企业对广告特别重视，而对理念创新、制度创新、文化创新，缺少相应的激励机制、方法，不像日本企业那么重视。

在日本企业中，有质量管理经验的管理者多会去写质量管理的书，如：今井正名的“一字之书”，他把美国戴明理论，质量“贯标”的P、D、C、A循环的核心理念之一，改了一个字，变成S、D、C、A循环管理。把P改成S，意思就变了，P是从计划开始，S从是标准化开始。改了一个字，撰写了《现场改善》一书。仔细阅读，里面的有些内容是老调重弹。奇怪，为什么日本人改了一个字，就可以写一本书，日本人在学习，中国有的企业也以此书作为企业管理教材推荐学习。且不说书本身的价值会给个人、企业带来多大的价值，就以直线距离2 478公里，漂洋过海传播到中国的影响力，足以引起我们反省！

如果企业能够坚持把以人为中心文化的“五行法则”，运用到企业的过程管理当中，并把它变成文化服务的产品，去传播文化。传播距离越远影响力越大，带来的附加值越高，那这家公司就能够把自己和竞争对手区分开来，形成自己的竞争力，它的社会价值才能真正体现，当然，这并非一秋之功。企业文化的“五行法则”能够帮助企业打造一流的团队。

# 第四章 如何有效运行企业文化法则

企业文化法则运行逻辑是体现“五个要素”相互闭环形式的运行模式。但是“法则”如何运行，在开始时要有一个策划，这个策划可以根据实际需要，既可以从理念开始，也可以从标准开始。如以理念为起点，一般可以分为五个阶段，即理念策划阶段、沟通验证阶段、宣传推广阶段、总结固化阶段、检讨优化阶段。

以下以某公司为例。该公司的企业文化建设是从理念开始的，他们通过发文件《关于开展“我们如何成为掌握客户需求的领先者”学习讨论活动的意见》的形式开展企业文化建设。从他们整个文化建设的活动过程，可以看出既符合文化建设五个阶段，又反映了文化法则的运行逻辑，是一个文化建设抓得比较好的典型企业。

该公司是集团公司下属的一个子公司，是一个服务用户的窗口单位。在严峻的市场形势下，他们每年的营销利润都在数亿元以上。追寻他们的成功之处——有声有色的文化建设使这个公司始终彰显着独特的魅力。

该公司的党办主任给我讲了许多故事，看了许多视频。在她看来，他们的员工人人都是文化传播的大使，企业文化传播没有指标考核。经过整理，我发现该公司在企业文化建设的五个阶段中，都把握和凸显了文化管理的特点。他们的做法对重视企业文化建设的企业管理者有很好的参考价值。

## 第一节 理念策划阶段

一般企业的文化建设理念策划阶段，比较注重指导思想、目的、意义、方法、步骤、平台、载体等。然后，联系上级精神，找出自身存在的问题加以改进，时间在半年左右，这样做也有一定效果。而该公司理念策划阶段则凸显时间要求与理念对标，比较合理而有特色。

企业文化法则的有效运行，并取得成果，一般情况而言，从时间上看，需要1～8年。

因为，首先文化法则的运行强调的是以人为本、柔性管理，人们接受知识，就像读大学的四年制一样有个时间过程。其二，企业的基础、规模和特征不同，以及市场环境的变化，所以时间单位也不一样。其三，企业的核心理念形成被员工认同也需要一个过程，一般有点管理基础的企业半年到一年可以了，但是，要形成企业文化氛围，员工队伍整体素质上台阶，大概需要三年。以上仅仅是一家之言，供读者参考。

笔者关注了该公司开展文化建设的一个对标找差活动。该公司党委下发了《关于开展“我们如何成为掌握客户需求的领先者”学习讨论活动的意见》，准备用一年半时间(从2011年7月到2012年四季度)开展活动。该公司从统一思想、创新模式、到行为养成，比较注重文化法则的柔性管理和素质提升的时间规律。

在公司文化管理上，该公司注重扫除观念上的盲区。他们认为只有扫除旧观念，才能树立新观念。观念创新是企业的生命力。

这让笔者想到了一个故事。春秋战国时，魏文王问名医扁鹊说:"你们家兄弟三人,都精于医术,到底哪一位最厉害呢?"扁鹊答说:"长兄最好,中兄次之,我最差。"

文王又问:"那么为什么你最出名呢?"扁鹊答说:"我长兄治病,是治病于病情发作之前。由于一般人不知道他是在事先就铲除了病因,所以他的名气无法传出去,只有我们家的人才知道。我中兄治病,是治病于病情初起之时。一般人以为他只能治轻微的小病,所以他的名气只及于本乡里。而我扁鹊治病,是治病于病情严重之时。一般人都看到我在经脉上穿针管来放血、在皮肤上敷药等大手术,所以认为我医术高明,名气因此响遍全国"。

扁鹊兄弟三人的故事,告诉我们,在企业经营管理活动中,最容易发生的"观念盲区"现象,是那些因工作到位,没有事故、失误的员工被认为是"职责所在,理所当然"的,管理者看不到他们平时精心管理的敬业精神;而那些因工作不到位产生事故的员工,因为在补救过程中成绩突出,反而往往会被认为是企业的"英雄";那些动不动就训斥员工的管理者,往往被认为是敢于大胆管理;那些认为制度操作性不强,结合实际情况去落实改进的员工,被认为执行力不强。这些观念上的盲区,使企业内部真正有能力的员工被严重地"埋没"。

该公司在开展"对标找差"的活动中,首先找的是理念的差别,寻找"对标"的标在哪里,或许我们心中首先要有一个清晰的"标",此时,这个"标",更在于我们的认识。

在该公司的推进思路里可以连续问10多个为什么?("对标"理念是一种新思路,有些企业是对标数字、指标等)。通过"对标找差"强化公司的理念,如"掌握用户需求领先者","强化个性化服务模式"、"培育共同情感文化",提出人人都是文化大使,强化"服务创造价值"等。为了使理念落地,生根,开花,结果,该公司针对不同的理念，采取不同的形式、落实载体，比如通过“掌握用户需求领先者”的大讨论以统一思想。

因此，不管是国家还是企业，观念转变、理论创新是发展的根本动力。党的十一届三中全会以来，扫除了以阶级斗争为纲的“盲区”；确立以经济建设为中心；邓小平的南巡讲话扫除了姓“资”还是姓“社”的“盲区”，判断的标准是“三个”有利于；党的十八大以来，逐步扫除了地方政府以GDP为绩效导向的“盲区”，确立了民生的绩效导向观念等。因为扫除了旧观念，树立了新观念，虽然“太阳还是那个太阳，月亮还是那个月亮”，但生产力却神奇地爆发出来。近十年来，中国经济实现了平稳、较快的高速增长。

## 第二节 沟通验证阶段

该阶段注重要做的是培育共同情感，坚定公司的理念。该公司管理者认为，拓展市场需要源源不断的动力和新引擎，而感情是最好的纽带，共同情感的培育是企业文化建设非常重要的方法。让员工切实感受到在企业中的存在感、成就感和归属感，可以提升公司在员工和家属心目中的亲和力和影响力。

该公司组织开展了“可爱家园、可爱员工——员工动感记忆珍藏”活动，引导员工关注成长、注重积累、学会感恩，鼓励员工在争当“掌握用户需求领先者”的过程中记录并珍藏动感记忆。“动感记忆”活动以个人和团队图片、视频、文字等方式做成专辑，每周在公司协同平台上展示。

该公司的员工喜欢打开公司送给他的一份特殊礼物——一个小小的U盘，里面不仅有传递文化的介绍视频，还有公司员工们自编自导的MTV。“视频里有赶赴服务用户途中的销售人员，有不怕枯燥每天要邮寄上千封发票的用户服务人员，还有无怨无悔默默支持我们的员工家属。”一位员工说：视频里的很多员工并不熟识，“但是我们穿着一样的工作服，有着共同的目的和追求，他们不懈追求的精神一样感动着我。”如今，这些被员工们亲切称为个人“脸书”的动感记忆，以轻松活泼的方式，为企业文化建设和公司发展注入新的内涵，得到员工积极参与和认可，员工的认可进一步验证活动的有效性，为下一步工作打下良好的思想基础。

## 第三节　宣传推广阶段

企业文化如何通过各种行动，成为员工的自觉行为，进而成为员工稳固的理念认知，使其能够影响到员工的行动。

该公司倡导文化大使，提出了人人是企业文化传播使者，让每一名员工都成为企业文化传播的形象大使。公司鼓励员工书写自己的成长历程、心情故事、工作感悟等，并不断将工作、生活中的精彩记忆导入网络，实时滚动更新，形成员工本人在公司的记忆册和信息库，并与家人、同事和用户一同分享。

一位家在邯郸市的梁阿姨，通过网络收看了儿子传过来的动感视频。看到独自在昆明打拼的儿子的工作和生活环境，以及公司对儿子的关心，梁阿姨过去的担心一扫而光。“平日里在报纸、电视上看惯了钢铁行业效益不好的负面报道，格外担心孩子，现在能通过视频亲眼看到儿子的成长和良好的工作环境，而且同事、用户、领导眼中的他是那么优秀，作为母亲内心特别自豪。”

有的基层子公司还特地为即将退休的员工制作了“动感记

忆”，记载员工的兴趣爱好、荣誉记录等，又载入个人工作环境或“同事、用户、领导眼中的自己”等内容。

一个小小U盘，通过在员工的亲朋好友、左邻右里中分享，传播了公司的人文形象，传递了更多的正能量，是公司推进“动感记忆”活动的另一个初衷。

有员工说：“对我来说，人生最快乐的事，就是和大家围绕共同的目标，分享成长的喜悦，告别过去的青涩，学着更成熟地面对未来。”

对一个直接面对市场和用户的公司来说，企业文化建设有着更加特殊的意义，持之以恒地通过员工行为养成，将公司理念注入产品和服务并传递到员工乃至用户中，让每一名员工都成为企业的形象大使。

## 第四节 总结固化阶段

“公司领导始终在思考，企业文化如何固化到企业，并固化到现有员工的脑海里。围绕稳固的企业文化体系，导入新员工‘入模子’的培训，使新员工能够快速融入企业文化。”听了该公司党办主任一番介绍后，我十分佩服他们的管理理念，在几乎“全民”都在开展绩效管理的环境下，他们提出了“企业文化传播没有指标考核，只有总结、固化、传播”的管理理念。

公司领导说：“企业文化传播没有指标考核，传播文化用规定的指标是没有原动力的”。管理层通过文化引导、服务的同时，去发现员工自我需要时，当一个人自己愿意做又缺少思路、方法、平台、资源的时候组织为他创造了条件，这个时候组织通过文化的柔性管理是最有牵引力的，员工自我需要的结果是持久的内动力。

一个有核心竞争力的企业，是十分重视企业的理念是否得到员工认同并在员工心中固化。一般的企业是将主要精神通过文件、制度、规定等载体来固化，这样要记得内容太多，容易淡化，其实，真正要使理念在员工心中固化，不仅在于它的载体等外在形式，而是更在于它的记忆逻辑（文化法则也是一种记忆逻辑，容易记住）、岗位特点（岗位常态规范要求，容易记住）和文化氛围（文化环境氛围会起到约束、提醒、记忆的作用）。

笔者在学习该公司通过制作"书签"传播先进的文化理念时，发觉他们的文化成果固化、凸显了记忆逻辑、岗位特点和文化氛围，他们在文化管理上和本文法则的运行不谋而合，更进一步验证了企业文化建设的力量。不管什么企业只要形成自己独特的文化都可以培养出优秀的人才。

## 第五节　检讨优化阶段

企业文化法则告诉我们每一个环节都是一个起点，而每一个起点都可以正反勾连，其根本目的是要求我们认识到正反影响力。一个成熟的企业，不管取得了多大的成绩，放弃知之格力，就不可能有持久的动力。从该公司文化建设的策划阶段就可以看出，他们在宣传成功的案例时，不是沾沾自喜，而是反省自力，在成功中找到差距。

**［案例］**

该公司资产管理部部长拜访东风日产公司制造技术部时，无意中得知用户正在策划在郑州工厂新增一条开卷落料线以应对从

2013年7月开始的250万片以上内制落料件产能不足的局面。

问及原因，是在前期交流过程中用户误以为该公司不感兴趣，因此初步确定自己上第二条落料线。公司资产管理部部长与郑州分公司总经理及时向用户说明情况、消除误解。并快速测算出成本与报价方案，确定了落料业务合作模式和供货价格。在该公司职能部门协调下，各单元在了解了用户的真实需求后，快速响应，大力支持南方公司大客户经理的工作，发挥了整体协调的作用，使用户感受到大客户整体服务团队的效果，最终签订了郑州落料业务合作意向书。

南方公司大客户经理说："不是我一个人在服务东风日产，而是整个服务团队在及时响应东风日产多制造基地的多样化的服务需求。"他在给公司领导的信中写道："感谢工厂管理部部长、资产管理部部长和郑州分公司总经理、南京宝住总经理及各位同事的大力支持……正因为有了你们，我不再孤独，不再是孤军奋战，我的背后有一个强有力的服务团队在支持我！"

我看这个案例是一个成功的案例，而他们的办公室主任却对我说这是一个反面案例。在成功案例中找出不足，这种理念、心态也反映出该公司的企业文化建设的一种境界。

企业文化如何在日常运营中，围绕外部环境、内部环境的变化，营造企业反省文化，是企业文化能够适应企业和市场的变化趋势，并最终形成企业文化对企业核心竞争力的影响。

# 第五章
# 企业文化法则的内涵与模式

德鲁克认为：**管理是一种客观职能，取决于其任务；也就是说，管理是一门学科。但管理又受一定的社会文化的影响，并从属于其价值观、传统和习惯**。

管理虽然是一门学科——一种系统化的并到处适用的知识——但同时也是一种"文化"。它不是一种超乎价值的科学，而是一种社会职能，并植根于一种文化（一个社会）、一种价值传统、习惯和信念之中，植根于政府制度和政治制度之中。管理受到，而且应该受到文化的影响；但是另一方面，管理和管理人员又影响文化和社会的形成。企业的目的是为了创造顾客。组织的目的是使平凡的人做出不平凡的事。

这是德鲁克的总体思路，笔者比较认可他的理念观点，但他使用的案例在叙述、论证与理念的对应方面，表述还不够全面，操作性不是很强。因此，本书提出了企业文化法则的基本定义与运行模式。

什么是企业文化法则？是指企业在生产、经营、发展活动中，坚持以人为本，并依据企业理念、目标、制度、标准、行为的流程，推行企业现场管理的一种文化运行的模式。其目的，是通过人才价值的增值，带动知识产权增值，通过知识产权增值，带动资源增值，它是企业内在文化管理的一般规律。简单点说：就是当办事有了一定的"法则"方向以后，就看速率了。

企业文化有各种各样属性，如企业文化的公共属性、企业文化的价值属性、企业文化的经营属性、企业文化的管理属性、企业文化的人本属性等，但是，说到底要有一个企业管理运行的载体来运行，企业文化管理的“法则”，就是企业现场运行的主流载体，是笔者三十多年思考的结果。

企业文化法则运行可以归纳为“五个导向”：理念导向、目标导向、制度导向、标准导向、行为导向。至于其他如绩效导向、问题导向等，其无非是在这个基础上，辅以一些模式、情景、案例及现代化的工具演绎变化而来的。

## 第一节 理念——五行法则的核心

狭义的文化指意识形态所创造的精神财富，包括宗教、信仰、风俗习惯、道德情操、学术思想、文学艺术、科学技术、各种制度等。

文化导向的核心是企业理念，企业理念是企业文化的核心内容。一个优秀的企业、能形成核心竞争力的企业、有发展前途的品牌企业必然有企业理念。例如宝钢的核心价值理念是“诚信、协同”。海尔的理念是“真诚到永远”。而理念的提炼、阐述、架构、评估、宣导等都贯穿了“五行法则”的运用方法。

文化服务理念告诉我们，同等价格，质优者胜；同等质量，价廉者胜；同质同价，服务者胜。服务是诚信的载体，而诚信是服务的灵魂。

这是一个真实故事，笔者的一位同学曾说，海尔的服务真的很到位，一次他买了海尔的空调，员工到他家去安装的时候，见面一句话“您好，很高兴为你服务”，进门自备一双鞋套，把鞋子套上，工作一张布，把工具放在布上，马上给用户留下了良好印象。

施工完成后，他一看空调架子有一点点斜度，因为是高空室外挂机，就说算了没有关系，而那位员工却说不行，自认为工作没有做好，结果重新打点安装，纠正了工作的失误。

同学的故事实际上是无形之中在为海尔做了广告，结果，笔者以后家中的空调、冰箱，都是买海尔的产品。海尔这种主动把细节做好的服务精神，体现了"真诚到永远"的海尔精神。

企业理念正确与否，决定着企业战略成败的方向。方向正确，则细节决定成败。因此，管理者首要的任务是明确树立企业的理念是什么？本部门的理念是什么？这是管理起作用的首要任务。

文化导向的核心是企业理念，而文化导向的核心理念是企业诚信价值观，员工把企业的诚信放在心中，落实在岗位中是企业管理的根本保证。是企业管理的最高境界。文化导向的动力是企业规则（规则有显性规则和隐性规则），员工把企业的规则放在心中，落实在行动中是企业管理的关键环节。

管理者要通过将企业理念，目标、制度、标准、行为等文化法则的运行载体来引导员工成长，它一旦得到员工认可，就必须一以贯之地坚持，不能轻易改变，只能适时改进，改进内容要经过民主程序，这是主要任务。

管理者在运用企业文化法则时，必须围绕企业的总目标又始终必须思考怎样形成企业主流精神、主流风气，主流带头人，这关系到企业、员工、市场共同发展良性循环的根本目的。

## 第二节 目标——五行法则的定位

目标就是想要达到的境界或目的。目标一般可以从时间、类别等角度考虑。如从时间上分:企业的总目标、分目标、近期目标、长远目标;从类别上分:营销目标、创新目标、培训目标、队伍目标、产品、规格市场占有率目标等。目标是通过各种数据收集、分析等依据,来决策企业的发展方向和竞争战略,以及所希望达到的目标,更好地解决"企业文化为什么服务"的问题。

目标导向管理的关键是定位,定位高了丧失战机,定位低了缺少动力。例如:瑞士的手表生产企业,一开始是考虑手表定位的功能是美观大方,时间准确,一时间瑞士手表风靡全球。后来日本企业为了抢占手表市场,瞄准瑞士手表的定位功能,开发了石英手表,既美观大方,又比瑞士手表更准确,瑞士的手表市场受到了严峻的挑战。为了争夺市场,瑞士手表生产企业,重新对手表的功能进行了战略定位。经过市场调研后,他们得出的结论:手表不仅是用来看时间的,而且是装饰品、奢侈品,以后就生产出金表、钻石表、手工限量表。百达菲力、爱彼、宝玑等品牌现在成为了手表市场的制高点,把手表这个商品纳入为名流的收藏品。

简而言之,目标管理要通过定位、载体来实施,企业目标必须量化或转化为流程、制度、标准、项目等来推进。

## 第三节 制度——五行法则的保障

制度一般指要求大家共同遵守的办事规程或行动准则。制度有各种各样,但不可能覆盖到所有行为细节,制度具有职责、分工、约束等特征。制度对管理层而言,具有操作性,对操作员工而言,其约束性大于操作性。制度的约束性,大多是事后考核行为,它不对现场生产运行的产量、质量、能耗发生直接的操作行为。只有当制度延伸为量化标准时，才具有操作性，制度才能进入现场运行管理起作用。制度的特征与现场的标准是既有联系又有区别，两者不能混为一谈。

目前，大多数企业比较常用的制度是绩效管理制度，量化的关键是企业绩效目标、绩效指标管理等。

绩效目标是一个组织或个人在一定时期内的投入产出情况，投入指的是人力、物力、时间等物质资源，产出指的是工作任务在数量、质量及效率方面的完成情况。绩效目标包括个人绩效和组织绩效两个方面。组织绩效实现应在个人绩效实现的基础上，但是个人绩效的实现并不一定保证组织是有绩效的。如果组织的绩效按一定的逻辑关系被层层分解到每一个工作岗位以及每一个人的时候，只要每一个人达成了组织的要求，组织的绩效就实现了。

绩效导向是绩效目标确定之后，进一步来落实的量化指标。绩效导向不能游离于目标、标准。因为，它是目标、标准的延伸、聚焦、细化，要有效地推进绩效导向，就要关注绩效管理背后的动因和缺项。在部门的管理实践中，绩效可以分为三大板块：

一是关键绩效指标板块：得权重绩效分，奖金激励；二是基础管理板块：得评价分，表现在态度、责任等方面的品质，突出精神激励，可以宣传、表扬、排行榜作为先进评比优先条件等；三是缺项支撑板块：绩效不能覆盖、量化的所有工作，如可视化推进等，视情况，采用物质、精神激励相结合的考核方式，可以加分或不加分。

在绩效管理中，三位一体，互为补充，缺一不可。企业不能把员工看成是纯粹的经济人，必须兼顾到自然人或社会人的属性，三者不能兼顾的绩效导向，员工将会出现有绩效的事就做，没有绩效的事慢慢做或不做，更严重的会出现诚信缺失。反之，如运行得当，不仅能完成企业的利润指标，同时能提高员工队伍的素质。

关于绩效管理，有一句老话“历史有惊人的相似”，日本的索尼公司就印证了这句话，成也绩效，败也绩效，是绩效管理的典型案例。

索尼公司前高管剖析索尼滑坡的根源，指出是绩效主义毁了索尼。索尼公司前常务董事天外伺朗认为：“正当我们许多的管理顾问公司向企业倾力推销绩效管理模式，当我们的许多企业正把绩效管理当作提高企业效率的灵丹妙药，当我们许多的企业通过绩效管理把每一个员工塑造成工作流程中的工具或机器的时候，几乎没有人认为我们的管理从此泯灭了人性，从此与‘以人为本’的基本原则背道而驰。索尼公司以往的‘激情集团’消失了，‘挑战精神’消失了，团队精神消失了，而这些问题的根源就是索尼公司所推行的绩效主义。”

中国的企业要把绩效管理做好，必须围绕企业文化法则的逻辑，推进企业绩效管理。

目前，有的企业在推行绩效管理的具体执行过程当中，总给基层管理人员一种感觉：绩效的针对性，没有起到适度的导向作用；绩效有些地方经游离了企业的目标，没能完全体现企业和员工共同发展。因此，在绩效管理上，企业要统一认识，促进绩效管理的活力机制。

绩效制度理念要有利于企业与员工共同发展。绩效制度出台要考虑企业和员工协调发展的度，不能只考虑企业的利益，也不能只考虑员工的利益，制度出台部门要走流程沟通、协调、平衡好，影响哪一头都会给企业和员工造成伤害。

**［案例］** 有些现象，体现出企业对绩效制度管理缺少平衡的总体思路。如企业绩效考核的权重比例，有的部门技术创新板块占20%权重，如果这个板块没有做好，那么此部门的20%绩效就会被扣除。

目前，技术创新积分，计算公式要求所有折算出的分数×效益，基数＝技术创新分数，而效益基数分必须是发明专利、6个西格玛、科研项目、技改项目、新产品、技术推广、技术贸易产生的效益才算效益分。合理化建议和现场改善产生的效益不作为分子计算，公式：$F_1$、$F_2$、$F_3$、$F_4$、$F_5$＝系数、T＝效益、N＝部门人数，F×T/N＝技术创新分数。这样，有可能造成以下几种情况。

第一种情况：有的部门没有科研项目、6个西格玛项目等效益，那么，这个部门其他技术秘密、实用专利、合理建议、现场改善折算出的分数做得再好，也没有规定内容的效益，技术创新绩效分数20％权重等于零，这样容易伤害到部门绩效和员工的积极性。

第二种情况：即使有了科研项目、6西格玛，大多数也是在一定周期内完成。比如：6西格玛项目，一般起码要6个月以上，技改项目实施一般在1年左右，当我们6个月或1年后再算效益时，部门前几个月的技术创新绩效被不计入，员工不是受损了吗？

第三种情况：退一步讲，企业主要是以产品质量、价格、售后服务为主，把产品做好，确保市场的产品占有率。而大多数企业，现场大量的工作是合理化建议和现场改善，新产品开发相对较少，这是一个基本事实。

技术创新权重这个导向，只兼顾了企业的长远利益，缺少员工当下的实际利益。起码在权重这一块要兼顾到合理化建议和改善效益的平衡。只有把当下的企业利益和员工利益兼顾协调发展，企业才能发展。

当然企业要生存要发展，少不了创新、新产品开发，技术创新的导向是对的，但是，不能为了技术创新而创新。

制度的流程要从市场中来服务到现场中去。企业制度的出台，从国家层面来说，要服从党的路线、方针、政策；从企业层面来说，要服从企业的理念和远景规划，服从市场的潜在需求。

目前，有些制度的流程，没有完全体现从市场中来到现场中去，而是从管理者意图中来，到管理者报告中去，缺少民主讨论流程。

**制度的管理要按照“法则”运行**。企业管理的基本法则是要将理念转为目标，目标转为制度，制度转为标准（软硬件），标准转为行为，行为实现绩效目标的完成。

这五个环节一个都不能少，如果理念不转为目标就会脱离实际，目标不能转为制度就没有保证，制度不能转为标准就没有操作性，标准不能转为行为就没有执行力，只有员工的自觉行为的产生，企业才会有强大的生命力。

这个基本原则的关键点是，每一个环节、流程都是一个源头，都有一个过程。比如制度脱离实际，以上文所谈到的创新权重脱离实际为例，带来的后果是员工的积极性受到影响；比如标准脱离实际（各种标准、工艺、设备），产品质量得不到保障；比如标准没有变为员工行为，员工不认同标准变成的行为，那么，执行力就缺失，企业的效益从何而来？

综上所述，得出的结论是：企业绩效管理的模式，仅仅是企业文化运行法则制度的一个部分。企业绩效制度管理是把“双刃剑”，如果，把它当成是“金钥匙”，那么这个企业就是温水里青蛙，生命垂危。所以不管是企业高层也好，还是生产经营层的执行部门也好，出台制度时要认真思考这三个形式，这样才能真正促进企业与和员工的发展，才能真正促进企业的发展。

制度体系、流程、指标等各种以企业文化的作用发挥为主的“显规则”建设，并对引导“潜规则”和发挥正能量提供支持。

## 第四节 标准——五行法则的依据

企业文化理解和执行的标准的建立，如工艺标准、操作标准化、职业标准、礼仪标准、文化理解等，是作为企业文化运行的关键依据，是制度延伸的主要路径。

标准是指衡量事物的依据或准则，是工作的规范程度，是对工作质量的要求。标准是制度导向严格管理的依据、延伸、没有标准支撑制度，目标就没有实施路径。标准导向的关键是可操作性，标准要相对稳定，不能说归说，做归做。有了标准才能谈严格管理。所谓"严格管理"就是要按照既定的制度、标准或流程要求，认真仔细地管束、规范员工。流程是标准化管理的步骤，它针对具体某一项工作而言，其先后顺序是什么，是一种办事的规则。从企业发展管理路径看，一般可以分为四个阶段：

**严格管理阶段** 严格管理阶段就是物本管理阶段。物本管理不及格，没有资格谈人本管理。美国哈佛大学图书馆的墙上有这样一句名言："成功来自严格的自我管理和毅力"。

企业管理现代趋势是从物本管理走向人本管理。每一个人本管理好的企业，都必然曾经有过严格的物本管理。物本管理是以制度、标准为中心，有些央企的制度、标准、管理，一开始是引进日本的管理软件，主要强调"五制配套"、执行力等。

这时，企业通过做产品，加强产品质量的提高，获得产品在市场的竞争优势，一般以规模取胜，它属于"红海"战略，这种优势受到品牌、标准的打压和制约。即便能风光一时，也不能风光一世。也就是一些企业家常说的"三流"的企业做产品！

**消化转型阶段** 以制度为中心(物本)管理,必然要走到了体系管理,目前央企主要是"五大体系""贯标"管理,核心强调 PDCA 循环、做所写、写所做、持续改进。这是从物本管理走向人本管理消化转型阶段。其主要表现:制定制度,开始由自上而下转变为自下而上互动;修订岗位责任制注意到让员工的责任与权利相对应;绩效考评并开始履行民主程序,要求公开、公平、公正等。

这时,该行业的"体系'贯标'"消化一些先进的理念、标准,通过产品市场营销分析、加强内部管理、注意质量管理树立品牌;通过长时间不断地进行品牌培育,清楚品牌影响力优势,属业内竞争优势。是蓝海战略的萌芽,也就是一些企业家常说的"二流"的企业树品牌。

**自主型员工阶段** 什么是自主型员工?自主型员工是能适应时代特征、企业文化、岗位素质要求的全面发展;是在责、权、利受权范围内,善于发现问题、解决问题、协调问题、持续改进创新,并能够确保企业目标实现,为达到企业与员工共同发展发挥主人翁精神。

表现为现场改善、合理化建议、JK 活动、团队项目协作,这项工作将一直贯穿于标准的自主管理实现前的整个过程。通过以上的活动,企业出现了自己的新产品。新产品里面,有了企业自己的差异化的设计理念、技术秘密、专利等,这时企业已经走向蓝海战略,是一流企业的起步阶段的必经之路,也可以说已成为"准一流企业"。

**文化管理阶段** 核心理念、上下认同、制定标准,覆盖行业,流程再造、管理权变等活动。它是制定游戏规则的,只要你在这个行业,就得按该行业的标准(游戏规则)来做。所以做标准的企业是具有绝对的领先优势,可以通过提高门槛、提高标准来限制其他企业的准入，削弱对手的优势。通过企业管理文化标准的影响力，渗透在企业生产、管理、经营、服务等之中，来规定其他企业服从它的理念、标准。

做标准的企业就是行业的标竿和领头羊，它不但把管理变成标准，还把经营变成文化产品，著书立说到处销售，通过文化的影响力，来实现他们的话语权，也就是一些企业家常说的"一流的企业做标准"。

到了这样的阶段，就是从执行他人标准到自己制定标准，如果有一天，由美国企业制定标准，转为由中国企业制定标准，你不执行中国企业的标准，你的产品就不要进入中国市场时，这才体现出文化管理的最高境界、成果。

## 第五节 行为——五行法则的关键

企业文化的行为要求，包括模范人物评选、企业故事整理、文化行为要求执行、到VI行为的一致化。

一般企业管理比较重视"物"的标准细节，忽略、欠缺"人"的标准细节，对员工的评估主要是看绩效、劳动纪律等方面，而人的思想、品德、诚信、境界评估的相对比较少。这样往往容易导致企业注重结果，员工也注重结果，"你给我多少钱，我就在企业干多少事，你给我的钱少，我就跳槽"。所以，有的企业跳槽率很高，甚至有的企业高管和主要技术人员在离职时带走了一批人，使企业又多了一个竞争对手。这是企业的功利性表现的结果，缺少了企业文化运行法则的影响力，就留不住员工了。所以，一个企业不管你建立了多少制度，都要把它们统一到企业文化法则运行上来。因为，企业激励行为的评估机制、行为背后是品德责任；激励价值的评估机制背后是诚信价值观；激励分配的评估机制背后是公平公正。

解决行为导向的难点，是员工愿意不愿意按照企业的要求去做。企业要弄清楚机、料、法、环的末端因子不难，难的是人的末端因子在哪里？人的末端因子是什么，是人的行为？还是人的动机？是行为加动机，两者缺一不可。一种与绩效过程、规定要求不相符的行为产生，并带来后果时，管理者关键要分析这种行为背后的逻辑动机、“无因”责任、过错责任等，正确引导责任归因，“一把钥匙开一把锁”。

但是，行为也有共性的思想轨迹，解决行为导向的抓手是碰到问题时，要从多解、优解的角度多问几个为什么？目前，不管是日本的5D1H表，还是德国大众的5W表，或者是鱼刺图等，虽然提问表述形式、角度不一样，其实逻辑思维都是一样的——多问几个为什么？

如员工有了违规行为，不要马上下结论，可以多问几个为什么？是岗位的标准不好操作？员工平时一直是这样做吗？产生的后果员工清楚吗？员工是怎么想的？有没有更好的办法等？当发生问题时，所有的管理者的内心一定要抱着了解情况的心态去求知，而不是去责备员工，问题都是可以解决的。

一次，部门一个班长向笔者反映某某员工没有按照废水处理的工艺标准要求做，违反工艺操作标准，要处理。笔者没有立即表态，到现场去找该员工谈心，笔者问是岗位的标准不好操作吗？他说机组废水来量发生了变化，按照岗位的工艺标准操作，废水会超标的。那么，改变标准和班长、技术员商量一下的时间有吗？他说当时来不及这么想。如果来得及想，你会走流程吗？他反问如果走流程也来不及，他可以这样处理吗？笔者回答他三句话，一是来得及走流程必须走流程；二是来不及走流程，也要有报告意识，如果上一级管理者，不表态，或指挥不当，那么，可以按照自己的方式做，我们看结果，效果好的有奖励，效果不好要处理，他表示认同；三是你敢这么做，说明你平时干活是动脑子的，你把做法写出来，作为异常情况处理的预案。他同意笔者的说法，我们表扬了他的行为，并作为案例。本来要扣奖的事情，变为表扬了，他也受到了精神鼓舞，后来一口气写了十多条合理化建议。

简而言之，把文化管理工作聚焦在树立理念、确定目标、完善制度、制定标准、训练行为等文化的导向上，就能真正做到进入现场管理起作用，发挥组织的文化法则运行作用。

# 第六章
# 企业文化的运行价值

企业文化法则的运行价值，虽然在于它可以用来培养员工，提升员工的综合素质，为企业带来更大的价值，但是，核心的价值观念是诚信，一旦失去诚信，企业将会失去市场，这个观念不管是员工还是管理者都懂。但是，在现实生活、工作中还有一些人做不到，因此，本章对如何营造诚信文化，从观念、思路、方法上，作为重点叙述。

## 第一节 诚信文化力量

**[诚信案例：2.7亿元买信誉]**

20世纪90年代，中国从计划经济体制到市场经济体制的转轨进入实质性阶段。1992年国内运转了多年的钢材价格双轨制即将并轨，一些钢铁企业得知计划价格将在1993年取消后，将当年应该按计划交货的合同有意推产，并要求客户按照市场价格重新签订合同。这一年，宝钢因冷轧超产，不得不将一批热轧板合同延迟到来年交货。如果按照1993年的市场价格计算，宝钢可以多赚2.7亿元！一边是利润，一边是信誉。宝钢将如何抉择呢？

合同就是法。1993年元旦刚过，宝钢销售部门主动通知用户,20万吨热轧板仍然按照原定价格执行。"什么? 宝钢还是按照原定价格销售?"用户感到十分意外,20万吨热轧板,每吨差价1 000多元啊! 其实,用户对提价早有思想准备,只是希望能保证拿到这20吨钢板。意外之余,用户感动地说,宝钢真是一家讲诚信的企业。宝钢的这个举动,一时在业界传为佳话。"与宝钢签订合同如同铁板钉钉"。半年过后,钢材形势发生逆转,一向朝南坐的钢铁产品突然少了销路。那年的订货会,有些企业门可罗雀,而宝钢的订单依然供不应求。"宝钢产品虽然价格高,但只要订了合同就有保证,不仅质量高、服务好,而且按时交货,我们希望继续与宝钢打交道!"那一年,国家冶金工业部部长戚元靖如此评价宝钢:"全国钢铁行业普遍陷困境,唯有宝钢一枝独秀。"(摘自《宝钢文化经典故事》第二卷,上海人民出版社。)

宝钢这么重视诚信,缘于宝钢对中国的儒家文化诚信理念理解比较深刻,能传承于产生、经营、建设管理之中。

其实,诚信是中国古人早已认识到的治国方略。曾参(孔子的学生)曰:"吾日三省吾身,为人谋而不忠乎? 与朋友交不信乎? ……"(《论语》)意思是说:我每天多次反省自己,为他人做事是否真心实意? 和朋友交往是否坚守信用?

我们再联系一些现代理念理解,可把"朋友"涵盖为"同事"、"下工序"、"用户"等等,那么,反省就是强大的诚信力。

反省是诚信的内动力。诚信主要是靠内动力,次要是外动力,内动力是持久的,外动力是暂时的,内动力是主动改进,外动力是被动改进。

当现场发生问题时,企业管理者首先想到的应是诚信管理,这是营造诚信管理文化必由之路。一次某车间循环水站设备故障,初步调查是避雷针老化落掉在冷却塔上,造成冷却分机和部分循环水泵停运，差点影响生产机组的正常生产。

该部门负责人没有简单认为是避雷针老化落掉在冷却塔上的问题，不是设备老化问题而是内部管理问题，从而是进一步把眼睛向内，提出了避雷针有没有点检规定、记录？避雷针掉落在冷却塔上当时有没有异常情况出现？经过反思，认识到当时是有异常信号的，而员工认为是误报警。针对这件事，车间反省是管理制度出现漏洞，没有对员工追究责任，而是明确提出了避雷针点检的周期与频率，提出了今后凡是设备有异常情况、报警信号的，员工必须到现场确认设备状态、确认计算机画面，违者追究失信责任。从而通过自我反省进一步完善了车间管理规定，把“内诚于心、外诚于行”落到了实处。

诚信从对员工开始，要求员工对客户讲诚信，首先得对员工讲诚信，这是我们最大的体验。

一个人真能做到内诚于心、外诚于行，那是一种真正的诚信。而能够反省到自己的错误并且勇于改正，这就是追求完美的内动力，那么我们就自然会懂得诚信力量的强大，就会把工作做的更主动、更有效。

因此，一个有作为的管理者是十分看重诚信自我践行的。严格要求自己，这样的人格力量才是诚信为人的表率。

在企业管理工作中，管理者做事不讲诚信，承诺不兑现，员工感到被忽悠了，会怎样表现出他们的不满呢？会表现为上有政策，下有对策上；会表现为消极的工作态度。

**[案例]** 如设备点检，管理者要求点检到位率要达到100%，而有些员工就是没有很好执行，设备经常出故障。管理者问他为什么设备老是出故障，他说回答设备百分之百点检过了。你想考证一下他是否点检过，在他点检的设备上贴一张纸条，他把纸条拿

回来了，但有可能只是把纸条拿回来了，设备没有点检，因为他知道这台设备多一次点检，少一次点检不一定马上会出问题。所以他也没有按照你的要求去做。

为什么？因为管理者可能原来忽悠过该员工，导致他心态不好，他有可能看到设备坏了，不在第一时间反馈信息，因为有些事不是他的职责范围，他可以讲也可以不讲。由此可见，没有心理认同感，而缺乏诚信是企业失败的根本原因。

诚信教育管理是企业文化的核心理念，不诚信的企业有说不尽的理由，但是，结果一样，败己败企。因此，管理者一心一意为员工服务，是对员工的诚信；员工把岗位上的事做好，是对管理者的诚信。

某企业抓诚信建设刚开始是以遵章守纪为抓手，以岗位诚信管理的过程为抓手，通过员工一起参与过程管理，提高员工对岗位诚信管理制度的认同度，从而实现了设备点检率百分之百。设备故障率逐年下级，保证了现场设备正常运行。

## 第二节 主流文化价值

某钢铁生产厂是某大型钢铁公司二级部门，在大多钢铁企业不景气的情况下，每年为公司盈利50多个亿，年年受到上级公司领导的肯定。当然，前道工生产厂也是功不可没，但是，踢出“临门一脚”的进球技术，一定是长期苦练的结果。就像杂技演员的表演，台上十分钟，台下十年功的道理一样，其背后都有着严格管理和科学的训练。

该厂虽然是盈利部门，但是，领导班子不满足现状，常怀危机感，不断地自我反省：我们的队伍，在危机来临时候，能不能耐得住寂寞，抗得住风险？

最近，笔者有幸参加了他们组织的管理培训，并会上说了两个案例：一是队伍抗风险精神；二是标准化作业管理。

[案例一　新日铁扭亏为盈]

新日本制铁株式会社是具有世界最优秀的技术和制造能力的钢铁企业，并推行标准化管理、标准化作业等“五制配套”而走向成功。之后，特别是2008年，受到美国金融风暴冲击，和日本萧条的经济等各种因素影响，企业绩效一直在走下坡路，没有盈利。

2012年10月1日，新日本制铁株式会社与住友金属工业株式会社合并，成立了新日铁住金株式会社。合并后的新日铁住金株式会社在整合优化业务方面取得明显进步。在其发布的上半年(2013年4～9月)财报中，净销售额同比增加39.4％，钢铁部门的净销售额增加47％，统合效果达到500亿日元。对此，该公司董事长兼首席执行官宗冈正二认为，综合实力已经成为世界级优秀钢铁企业在国际市场中压倒性的存在标志。

它向人们展示的是一种企业精神，不管企业有多大困难，形散神不散，机会一来，扭亏为盈，关键是他们有一支一流的队伍，有自己独特的企业文化。

[案例二　标准化作业管理]

有一位中国企业的管理者，参观了国外一家饮料制造企业，在如厕后出来时，发现厕所的门打不开了，他问边上一位外国人，外国人把手向墙上指指，他一看，是一张可视化的图。他按图要求做了一遍：洗手、用洗手液，擦手纸，门还是打不开。他再仔细看了一遍，标准要求：先用清水充分湿润双手，取适量的洗手液于掌心双手充分揉搓至少30秒以上，揉搓完后用流水冲洗干净，最后，注意要用清洁的纸巾擦干。他又按照标准流程走了一遍，厕所的门打开了。

从这个案例中，可以想象得出，该公司对厕所采用的可视化、标准化、流程化、智能化的先进管理。看上去是对厕所管理，来防止员工执行不到位的行为发生，其根本目的是为了保证企业的饮料产品的质量。

以上两个案例告诉我们，一个能经得起各种风浪的优秀企业，背后一定有强大的主流文化在起作用。有自己独特的企业文化的企业，一定有一套如何提升员工能力、精力的方法，一定有一支一流的员工队伍。

## 第三节　海底捞的企业文化

海底捞是一家誉满京城的火锅连锁店，发迹于四川简阳，成名于北京、西安等地。韩国、日本等据此认为中国的餐饮服务水准达到国际先进水平。1994年，海底捞以8 000元人民币起家，如今遍布全国60多家分店，年营业额十几个亿。

笔者的女儿刚拿到亚洲一流世界名牌大学研究生的入学通知书时，就对笔者说："老爸你要请客哦！应该庆祝一下。"笔者就对她说："请你去五星级宾馆去吃自助餐。""不！要请我去吃海底捞火锅！""为什么要去吃海底捞？"她说："吃海底捞，我在乎的是服务，这是享受！"

笔者很纳闷，五星级宾馆的吸引力不如海底捞火锅！心想，一定要进去吃吃看，到底女儿为什么吃了还想去。

于是，笔者约了朋友，一起去享受一下他们的服务，为了减少等候的时间，先电话预约了，但答复是一小时之内没有位子，需要用餐的话，要取号排队。电话结束两分钟，笔者收到了店里发来的一条短信:“尊敬的顾客,感谢您致电海底捞某某路店,由于餐位有限,导致您未能订到位子,对此我们深表歉意。凭此短信,您在海底捞我们店用餐时,可抵用 20 元。每桌仅限一条,一条仅限一次,请在买单前出示方可生效,感谢您的谅解。”笔者又打了一个电话询问另外一家店,但是没有打通,仅仅过了 1 分钟,笔者收到了店家的回电,说可以试着帮笔者先预定位子,不一定能满足,但是尽量帮助解决,这样可以避免取号排队,接着客服主动询问了笔者在什么方位,并把路线讲得清清楚楚。两个电话打完,笔者已是非常满意他们窗口服务的经营之道。

刚到大厅,服务生已在电梯门口迎客。一眼望去,真可谓人山人海,笔者想:不知他们的信誉怎样。就在笔者犹豫的时候,一位服务员来到我们的身旁,笑眯眯地说道:“你们好,欢迎光临海底捞,今天等候人数是 76 人,桌数 23 桌,按照常规计算,你们需要等待 50 分钟左右,如果你们没有特别的事情,请耐心等候,在等候时间里,可以免费享用我们提供的茶点、水果。”

在前台,笔者说有个客服承诺我们 1 个小时后可能有位子的,干练的小伙子说:“你是先前电话预约的吧,正好 53 号位空着”,马上有一位女生领着我们一帮人去找位。望顾四周,在等候厅里,有些桌子、椅子,仔细一看,桌子上棋的种类很多,有五子棋、飞行棋、国际象棋、跳棋等,等候的客人吃着瓜子、橘子、茶水、爆米花、小花生等小零食。

一位服务生跑过来,蹲下身子对我朋友儿子说:“小朋友,你需要什么玩的吗?这里可以打扑克、下棋,上网打游戏,还有骑木马,还有搭乐高积木的呢。”

我们中的一位老太太急着要上洗手间,回来后笑嘻嘻地讲她的故事:“我这辈子这次被人伺候得难为情了。”老太太娓娓道来,

“我去洗手间，一位小姐引导我前去，两次提醒我当心地滑和台阶，等我如厕完，正想开水洗手，已经有人帮我打开龙头，等我洗完手，准备找纸巾，一块热腾腾的毛巾已经夹在我眼前，等我擦完手，护手霜又递给我，真是享受呀！”

大家刚落座，服务生马上过来指导桌子上物品，这塑料袋是套眼镜的，布是用来擦镜片的，吃火锅的一些细节都想到了。我们点完菜，服务生又提醒我们，吧台上有很多调料，可以自己调配，不想自己调或者有特别需求，有专属服务生可以提供服务。

笔者开始纳闷，这不是包房，还有专门服务的，那边上的叫得应吗？分工明确，协同有没有呢？笔者故意在自己桌的专属服务生走开时，叫来另一个服务生，请他为我们加汤，这位服务生居然马上提着汤壶来了。笔者打心眼里认同，每个人职责很清晰，但也不忘记补台，协同得很好呀！这时，我们桌的专属服务生过来了，他说道：“很抱歉，刚刚没有为您服务到，我们的其他服务生帮我做了，请问您还有什么要求吗？”服务意识很强。看着他不停地干活，还那么细心、开心，笔者真是好奇了，于是问道：“你为什么那么高兴？看你没有停止过工作，难道不累吗？”没有想到的是，他的回答令人感慨：“因为我们海底捞人人平等，无论是服务生、领班、大堂经理，只要客人有要求，我们谁空谁就做。还有，我们如果表现好，海底捞会让我们去读书，我们小时候没有条件好好读书，读好书可以做更大的事情赚更多的钱。”这个回答是那么现实又是那么真实，出自一位普通农村服务生内心的渴望。不是吗？我们每个人希望平等，希望自己不是贫乏的，无论物质还是精神。海底捞就是靠激发每个人的内心渴望，才把它的服务和文化做得如此棒。

经过感受，我终于知道女儿喜欢去海底捞的原因了。海底捞的成功密码其实很简单，就是企业员工价值和客户价值文化。这两招我们企业界天天在喊，天天在叫，但大多只是喊喊口号，喊而不做，做而不久，久而不精。当企业把员工的心抚慰好了，员工就会用心工作，回报企业。这就是员工价值的意义。要创造客户价值，就先创造好员工价值。服务文化是今后企业的主流文化。

## 第四节 解读招商广告

企业运用文化法则基本逻辑，可以辅助于“正反勾连”原则，用于诊断现场、方案、计划、招商广告等问题，从而发现问题、解决问题等，找到解决问题的最优方案，使企业在困境中突围，可以给企业带来清晰的新视野。下面来解读一些招商广告案例。

某知名咨询公司招商广告原话摘录一：“公司为多家企业设计了组织架构及定岗定编方案，获得了客户的高度认同。定岗定编的目的是实现‘人、岗、事’三者之间的合理匹配”。

从企业文化法则理念层面分析：这段文字表述的观点，可以看成专家公司的理念。其文字观点表述不清晰，“人、岗、事”三者的排列顺序，往往容易误导企业因人设岗。这个排列的关系应该是：“事、岗、人”。

摘录二：“达到‘人尽其才、才尽其用’的目标”。从企业文化法则目标层面分析，这段文字表述的观点，在表达上已经转换了概念。因为，定岗定编的第一目的是确定合理的组织构架和岗位定员，而不是员工的胜任能力，至于员工的胜任能力是通过岗位的规定性来配置的。这个岗位的规定性我们可以视同制度。

摘录三：“这里最重要的是首先要弄清楚企业要做的‘事’。有了工作目标，然后才需要设立相应的岗和人来做”。从企业文化法则制度层面分析，这段文字表述的观点，又混淆了概念，因为，目标与制度是不同的概念，“法则”要求我们把目标转换成制度才能有效运行。只有正确地认识什么样的事（事有流程、规模、硬件、软件等之分），才能设定什么样岗位（岗位有职能、职责、权限、范围等之分）。

举这个案例的目的，就是想说明：文化“法则”的逻辑还可以用于分析问题，通过分析可以看出，这些专门的培训公司，对定岗、定编、定员这个问题的陈述，缺少长期在现场管理实践中的文化积淀，实践管理上还不是很清晰的。更何况一些年轻的管理者。

因为思想认识模糊，思路方法不对，有些企业对组织构架，定岗、定编的管理变革，往往出现管理偏差，效果不明显。

如：横向“对标”存在偏差。有些企业把大概相同行业、相同规模、相同产品、相同岗位的定岗、定编进行对标，然后下个硬性指标要求某部门减员20%。这种做法是不是办法的办法，是人力资源管理的初级阶段，它的优点是快速减员增效；缺点是不容易得到员工的认同。员工会说管理者只会说相同的地方，不说不同的地方，比如国外企业收入比我们高，基础比我们好，技术比我们先进，于是，管理者强制推进，员工强烈不满。如果没有激励的机制跟上，矛盾的冲突往往会影响企业的安全、质量、绩效。

企业内部人员年流失率，一般2%～4%为正常、4%～8%为偏高、8%以上为危险。流失率流可以佐证企业的凝聚力。一般管理变革后员工的满意度达80%以上时。企业的管理效率可以持续上升。

企业文化法则运行逻辑，可以拓展企业组织构架、定岗定编设置的思路、方法与对策。

## 一、从"五个流"角度思考组织构架

从企业价值属性"五个流"角度,思考组织构架板块设置的思路与对策。

本书所谈的支撑板块是指企业的"五个流":信息流、知识流、资金流、技术流、物流,这"五个流"是企业"五大板块"基本属性之一。比如:从资金流角度思考支撑现场运行组织构架和职能部门,凡是与资金有关部门,可以成立一个资金事业部,如信托部门、投资部门、财物部门、财物中心等,统统归口到资金事业部。至于不同性质的业务,可以在这个部门内再进一步分工,明确职责,规定权限,这样可以减少机构,提高效率。

以此类推至大型国企,顶层设计也只要设 1+5 个事业部(1 是指现场运行板块,5 是指 5 个事业部),通过 1+5 个事业部的整合,许多不同板块的相同业务被整合到相同业务流程上去,以解决板块业务重复操作问题,发挥业务流程的优势。

目前,有些企业对这个问题没有深入思考过,如果我们把它看成是企业管理的行政部门,不把它与企业现场管理的运行属性与服务支撑属性分开来认识,明确界定事业部只对现场起到支撑服务作用,而不是职能考核部门,企业的组织机构就不可能精简高效,企业的推诿扯皮也不可能解决。只有把它看成是一个支撑现场运行的服务职能部门,是去权利化的部门,并把其直接上级考核部门改为现场管理部门考核时,才可能解决企业去行政化的多头管理问题,企业的管理才可能顺行运行。

## 二、从总成本角度思考定岗定编

定岗定编板块遇到的最大的问题,是定岗定编配置的困惑。

不管是大企业，还是小企业，从成立到成长始终要碰到一个问题——企业到底要设置多少岗位？人力资源配置是否相对合理？企业的人力资源的配置占企业总成本的百分比是多少？

这个比例老板占多了，员工不开心；员工占多了老板受不了。

我们参考过一些调研资料，企业人力资源管理的总成本，比例一般在8%～30%。知道了这个比例后，我们只要按照四条原则演绎，就可以确定人力资源占总成本的比例。其中，员工收入成本的管理激励机制，可以从四条原则的思路上通盘考虑：底线原则——企业员工的总收入不能低于同行业的收入；能级原则——收入的分配可以在不同能级之间拉开差距；递增原则——企业效益好，每年给员工增加收入，增幅大于同行岗位；覆盖原则——企业员工从进厂到退休，每年都能清楚地看到自己工资递增的轨迹。

目前，一些大型国企基本上是按照这些原则制定员工的薪酬管理制度。所以他们人力资源的隐性成本流失率总体上基本控制在6%以下，相对一些小企业要低一些。

## 三、从员工满意不满意验证机构效率

验证企业的支撑机构设置、定岗、定编的配置是否合理，关键是看现场运行的管理效率是否简单流畅、顺行高效。

一般在制度规定的动作内，服务内容是否按照规定如期完成，比如，国内新品备件三个月到货、检修备件在规定时间完成、市场质量异议当天到现场等。机构设置、定岗、定编运行过程是否合理，启动现场一线员工满意不满意来对验证服务支撑机构效率。哪里不满意，就在哪里“动手术”。

以上条件都符合了，那么，企业管理的组织构架是有生命力的，如果缺少一个环节，就要增添一个环节，打通一个环节，否则你的企业就危险了。

这个案例告诉我们，有些企业因为理念的不清晰，会导致目标的不明确。因为目标的不明确，会导致制度职责不明确，因为制度的职责不明确，会导致标准的不规范，因为标准的不规范，会导致行为的不标准。因此，只有按照企业文化法则运行，企业文化才能产生价值。

# 第七章 文化差异与用人之道

企业员工来自于不同的地区与民族，文化上存在着差异。因为文化差异，往往会对同一的问题产生不同看法，导致不同行为结果。善于管理企业的管理者，会通过企业文化的建设，管理和调动人的积极性。

## 第一节 企业文化的两重性

企业要让员工坚定不移地跟着企业走，使不同来源与背景的员工更好地融入企业文化，并有效地发挥其价值，就必须要了解企业文化法则运行的“显规则”和“潜规则”。企业的“潜规则”同样也适用于企业文化法则，这两种规则是交替运行的。

通常说的“潜规则”是指“熟人好办事”、“哪个大听哪个”、“不看僧面看佛面”、“资格老好说话”、“新官上任‘三把火’”、“盗亦有道”等现象，往往是企业文化法则运行管理的潜在的成功与否因素的一个不可或缺的方面，这个因素不清楚，企业文化法则，同样是不能有效推进。

**显形与隐形文化规则** 制度包括显性的制度、隐性的制度；成文的制度、不成文的制度；正规制度和非正规制度（“潜规则”）等。

企业的“显规则”特指企业内部的规章制度，“潜规则”则是指职工心里认同的一种不成文的“规章制度”。

广义的讲，“显规则”是指正式规定的各种规章制度、法律、法规；“潜规则”是在种种明文规定的背后，存在着一套获得广泛认可的规矩。这套规矩往往与那些公开宣称的堂皇原则相悖，并在实际上影响、支配着社会、企业运行。

显规则与潜规则的文化角力说到底是一种理念、习惯的角力。是一种制度游戏规则认同与否定的角力，这种理念一旦确立，这种制度一旦形成，可以影响到人们的工作积极性和行为习惯。积极的理念与消极的理念会产生不同的后果，正规制度（显规则）和非正规制度（潜规则）会引导员工影响个体行为，企业文化法则运行，要聚焦这些问题，显规则和潜规则是影响被影响的关系。

企业文化法则运行要认识到潜规则也是规则，不要把潜规则不当规则。比如，管理者提出认认真真做好每一件事的理念，而员工认为做好做坏一个样，理念不一样，做事的行为就会不一样，产生的结果就会不一样。要想知道员工的行为是否体现了管理者的要求，只有通过深入的观察，当观察到员工的行为与领导要求不一致时，不能不管不问，要马上沟通。员工可能会找出种种说辞，有时候不会跟你讲真正的原因，或者是“忽悠”你的说法，但是，不管是什么理由，一旦你找到他的真实想法，又必须马上“个性化”沟通。比如有的人喜欢谈钱，你要从钱上与他说理，有的人喜欢说义，你要从“哥们义气”上与他说理。这样员工容易接受你的观念，减少负面行为的重复发生。这种潜规则、个性化做工作沟通方式千人千面，不再一一举例。以下重点谈谈共性化的潜规则。

企业文化管理者要将潜规则对抗文化，引导为显规则认同文化。

潜规则文化说到底是一种言行不一的失信文化，是作风不正的表现，对管理工作有百害而无一利。如何在文化管理工作中，让潜规则文化，变成显规则文化，进而养成一种“言行一致”的习惯，是关系到企业发展和生存的硬道理。

怎样使人产生心理认同感呢？我们来研究一下企业里“共性化”“潜规则”心理认同感的一些现象与分析对策。

**潜规则心理认同感是先认同人，再认同制度**　一个人对你有好感，你讲的话也好，出台的制度也好，他就会认真听，认真执行，否则反之。潜规则不是看文凭高低，不是看能力强弱，不是看职务高低。而是先认同做人做事“上不上路”（指员工内心的标准），再认同推行的制度。

管理者要员工认同你的指令，就先要让员工认同你的人；你怎样对待员工，员工就会怎样对待你；你对员工的友好程度，就是员工对你的好感程度。你是否关心员工的思想、工作、进步，是否诚信，都是员工对你的认同。有时候你做到点子上的好事，人家记你一辈子，如不注意这一点，就会出现硬管理，软对抗，工作效率、效益不高。因此，要得到员工认同你的人是首要条件。

**潜规则心理认同感是先认识结果，再认识过程**　如：某人到企业求职，他是先了解企业名气、收入、前景，再认可制度、管理、包括精神的过程。他不是先要了解企业曾经付出多少努力、艰辛才能换来今天的成果。到了这个企业后，他通过了解，开始比较，自己的收入和付出是否对等。认为对等的，表示员工对企业的认可；认为不对等的，就会产生心理上的不认可。结果会出现两种情况，一种是离开这企业，另一种是看个人发展、企业前景，侍机而定。要员工认同企业的过程，先要严格决策、定位的程序。企业里有些规章制度、决策定位得不到员工的认同，或出现偏差，为什么？因为有些管理者，在建章立制、决策定位时，忽略了在一定范围、层次、时间内严格按程序规定的民主和讨论，所以没有得到员工心理上的认同。因此，严格按民主程序规定是得到员工认同的有效方法。

**潜规则心理认同感是先感受氛围，再确定干劲** 在企业里或班组里，氛围好坏决定着员工的工作干劲。心情好，干多干少员工不会多计较；心情不好，员工就被动工作。这样工作效率、劳动生产力就会差，达不到预定的目标。要提高工作的质量，先要形成良好的工作氛围，很重要的一条是，你是否把准了员工的思想脉搏，有针对性地营造你想达到的工作氛围。

现在，企业里有些不好的现象，明明是管理问题，却要扯到技术问题。当然，两者相互作用不是没有，但已经明确的界定，为什么还要推扯？是为了推卸责任还是怕考核？这里暂不作定论。但是，通过良好的工作氛围，可以预防或者弥补这样的一些问题。氛围的形成是靠良好的思想习惯养成的。

**潜规则心理认同感是先感受利弊，再确定对策** 企业管理者要调动员工积极性，一般在奖惩制度上做文章。管理到位的企业，出台奖惩制度时会走民主流程；管理不到位的企业，出台奖惩制度时走走形式，这样的企业往往容易产生潜规则对抗心理。因为，通常的部门领导或员工，他们在学习消化制度的时候，先是看制度对他们是否有利，有利先做，不利不做，当不做不行时，他们会钻着空子做。

**［案例］** 某单位出台一项绩效考核指标，协力员工季度流失率不能超过6%，考核领导和部门领导在统计上报指标时，发现一季度内部指标流失率在7%，就质疑协力管理者的思想工作是怎么做的，平时和员工有无经常进行感情沟通。协力管理者说："我们谈心、家访、慰问都有记录的，不信，我马上去拿。"我们也分析

过，人才流失主要有五种原因，其中有一条原因是本单位工作奖金比另外一个单位每月少50元。领导听后认为奖金分配机制基本上是死的，但要开动脑子去适当拉开差距盘活它。这次，在要辞聘的人里面做工作，让他们下个季度走，将流失率指标控制在6%，这么做懂了吗？结果，本季度员工流失率控制到了6%。这个案例从表面看没有错，但难道没有“潜规则”吗？

作为文化管理者要注意在营造氛围的过程中，凸显沟通重点抓落实，要以文化管理的主流风气为导向，突出文化的柔性管理。

通过主流文化、主流精神、主流风气的导向，进一步形成人文关怀激励机制，调节、强化企业与员工共同发展的良好文化心态。

简而言之，在企业内部文化管理，在建章立制、决策、营造氛围时，都要充分考虑到两种规则群众的心理认同感，体现以人为本的科学发展观。

## 第二节 不同习俗文化特征

从企业文化的可观察角度——习俗，来呈现企业文化对人行为的影响。这也是识别企业文化与员工个人行为是否一致的有效方法。

习俗不同的差异文化，往往会被显规则、潜规则吸纳分流，导致文化冲突，出现理念的差异，产生不同的结果。

比如，蒙古人招待客人的最高礼节是整鸡、整羊、整牛、整骆驼，但在南方人看来这些都只是形式化、铺张浪费。蒙古人喝酒的规矩是要么滴酒不沾，只要你喝一滴，就要喝个尽兴，否则，他们就认为你不尊重他们，蒙古人认为这才是他们真正待客的诚信之道。

而南方人招待客人诚信礼节规则是八小碟、八大碟，沙锅汤等，在蒙古人看来南方人太小家子气。

理念认知的差异同样会得出不同的结果。苏联反法西斯战争时期，在国内开展革命歌曲大奖赛，当时，一首《莫斯科郊外的晚上》，被评委一致认为是一首爱情歌曲，没有得奖。但是歌曲很好听，在民间流传开来，之后有一批作曲家为它鸣不平，认为这是一首以爱情为题材的革命歌曲，后来这首歌曲成为世界经典民歌。同样的一首歌曲，会得出不同的结果，是理念认知的差异。就像现在如果没有网络，就很难有草根歌手的舞台。

企业文化法则，同样走不出这种现象，研究文化的差异，是文化管理的又一个特点，地区文化的差异性关系到产品销售、服务的战略定位问题。

美国哈佛商学院终身教授约翰·科特认为："企业长期经营绩效的好坏与企业文化的强弱无关，而与企业文化是否适应外部环境变化有关。自然发展的企业文化容易导致不健康的文化，而提升绩效的文化需要管理层长期的努力。"

笔者听一个用户组员工说，他们对外企用户提出的质量异议走访时，为了服务到位，对他们的产品异议进行确认或指导，结果遭到用户的抱怨。这样的方法用了许多年了，"标准加 α 法"的理念曾得到公司的肯定，为什么现在不灵呢？

其实，这和企业的文化背景有关。外国文化渊源是以契约、法制为主的文化，而我国文化渊源是农耕、人情、关系等为主的文化。针对国企用户，对异议处理，或是赔钱，或是的对用户的工艺进行指导，教用户怎么做。用户会很感激，认为服务很到位。但在外企，在工艺上作指导，用户首先会反感，心里会想，先把自己的事做好吧，所以效果是不好的。外企用户首先要看的是你的流程管理的保证体系是否完善，在现场是否规范整改，重复的质量异议是否保证下一次不再发生，这些做不到，他们就认为你的服务、整改不诚信。

表面看是异议处理的方式不同，实质上是国企、外企两种不同管理文化的折射。所以，管理文化理念应该是针对不同企业文化采取不同对策。

后来，前文案例中的企业与东风日产公司开展了以“精诚合作、伙伴共赢、打造行业典范”为主题的共建活动，并以项目管理的模式进行推进，与汽车厂形成最有竞争力的价值链，这一做法适应了合资企业文化。

先进的企业文化能使每个员工了解企业的战略目标，懂得该做什么、不该做什么；明白企业提倡什么、反对什么、追求什么、放弃什么，怎样才能把用户的需求转化为企业的内在规范等。这样的企业文化对企业的经营将会起到巨大的推进作用。

**隐性企业文化的规则**　企业的隐性文化大多来源于“潜规则”。企业管理者要认识到，“潜规则”也是规则，不要把“潜规则”不当规则。中国的社会、企业往往不是“显规则”的力量起作用，而是隐性文化的“潜规则”的力量在起决定作用。

春秋战国时期，商鞅变法，就是通过“潜规则”的力量，后来被人们传为“一诺千金”。

公孙鞅想实行变法改革，秦国的贵族都不赞同。他对秦孝公说：“所以圣贤之人只要能够强国，就不必拘泥于旧传统。”大夫甘龙反驳说：“不对，按照旧章来治理，才能使官员熟悉规矩而百姓安定不乱。”公孙鞅说：“普通人只知道安于旧习，学者往往陷于所知范围不能自拔。这两种人，让他们做官守法可以，但不能和他们商讨旧章之外开创大业的事。聪明的人制订法规政策，愚笨的人只会受制于人；贤德的人因时而变，无能的人才死守成法。”秦孝公说：“说得好！”便任命公孙鞅为左庶长的要职。于是制定变法的法令。下令将人民编为五家一伍、十家一什，互相监督，犯法连坐。举报奸谋的人与杀敌立功的人获同等赏赐，隐匿不报的人按临阵降敌给以同等处罚。立军功者，可以获得上等爵位；私下斗殴内讧的，以其轻重程度处以大小刑罚。致力于本业，耕田、织布、生产粮食布匹多的人，免除他们的赋役。不务正业因懒惰而贫穷的人，全家收为国家奴隶。皇亲国戚没有获得军功的，不能享有宗族的地位。明确按照由低到高的各级官阶等级，分别配给应享有的田地房宅、奴仆侍女、衣饰器物。使有功劳的人获得荣誉，无功劳的人即使富有也不能显耀。

法令已详细制订但尚未公布时，公孙鞅怕百姓难以确信，于是在国都的集市南门立下一根长三丈的木杆，下令说有人能把它拿到北门去就赏给十金。百姓们感到此事很古怪，没人动手去搬。公孙鞅又说：“能拿过去的赏五十金。”于是有一个人半信半疑地拿着木杆到了北门，立刻获得了五十金的重赏。这时，公孙鞅才下令颁布变法法令。

新法施行十年，秦国一片路不拾遗、山无盗贼的太平景象，百姓勇于为国作战，不敢再行私斗，乡野城镇都得到了治理。

这个故事告诉我们“潜规则”从古至今，一直在起作用，“潜规则”也是保证政令畅通的一个重要方面，公孙鞅为了使老百姓相信他是一个说话算数的人，树立自己的威信，用了“一诺千金”。相反，现代企业管理工作，有时候员工一个错误的“潜规则”细节，会毁掉一个企业。

可以这么说，下级员工没有执行力，是中层管理者没有执行力；中层管理者没有执行力，是高层管理者只懂“显规则”不懂“潜规则"的"老好人",这样的管理者怎么会有领导力、影响力。因此,一个真正有作为的企业管理者,要想带着大家跟着你朝一个方向跑,不掉队,一定要学会"读人心"、"定目标"、"明理事"、"讲公正"、"做表率"。如果你能把以上15个字理解了,并能将换了一个角度的说法与"五行法则"对上号,则说明你是一个平时一直在思考企业文化管理,是一个有作为的企业管理者。你要相信自己!

**隐性文化的导向** 隐性文化的导向的思路、方法可以百家争鸣,但是,从企业文化法则的角度上运作,是企业文化管理者的必修课。

在现代企业里,有些管理者认为,只要制度一出台,员工就能产生良好的行为,形成良好的氛围。这是一种理想境界,事实上很难做到。面对阻力,有些管理者往往埋怨员工素质不高,造成管理者的初衷与员工行为上的差异,导致执行力出现偏差。这是我们一些基层管理者对企业形成文化氛围认知上的疏忽。其实,要形成企业文化氛围,只有通过感情投入、习惯训练、默契培养这三门必修课的运作,才能使员工达到所要求的行为结果。

**必修课之一——感情投入** 有位企业家提出,要对员工进行感情投入,这句话言简意赅,语意深刻。笔者以为,感情投入包含感情公平,它和工作效果是成正比的,投入越多,效果越明显。但在企业管理中,鲜有人思考感情的公平问题,感情公平与分配公平是同一个天平,甚至在某一触点优于分配公平。有些管理者往往总是喜欢那些核心骨干,相对容易忽视一般员工,这样容易出现感情上的"贫富差距"。感情的投入与公平,对员工产生的正负作用是巨大的。

我国古代春秋时期有这样一个故事:鲁国伐宋,宋国命华元为主帅,率兵迎战。双方交战之前,华元杀羊宴飨手下,以振奋士气。

当时却未顾及他的驾车手羊斟，羊斟因此心怀不满。待两军交战时，羊斟对华元讲："那天吃羊，是你作主；今天驾车，由我作主。"说完就把帅车驾入鲁国军中，使鲁军不费吹灰之力便俘虏了宋军主帅，宋军招致惨败。

这个故事听来颇让人感慨，羊斟只是位驾车手，工作就是驾好车，按理说并不是很复杂，但仅仅因为主帅疏忽了感情细节，羊斟少吃上一碗羊肉，就怀恨在心，在关键时刻出卖主帅，断送了宋军。

从管理角度来看，团队中的每一位成员都是重要的，就像航天飞机上天，不是一蹴而就的，是靠一个个琐碎零件组合而成的。

讲求感情投入，关键在于感情公平，不应只是在企业对外交往中所必须注意的事项，对企业内部的员工也要进行公平的感情投入，这样才能达到事半功倍的效果。

现代企业成功与否关键是木桶原理的短板，短板不修复，整桶水不会满，只有每位员工都有强烈的敬业精神，企业才会有后发优势。

那么，怎样做到感情公平呢？一是对技能高低不同的员工，投入的帮教精力要一样。否则，员工会认为领导看不起自己，这里就有一个感情公平的问题。二是对待自己和他人评判的标准要一样，不能严人松己。员工没有做好工作就批评重罚，自己没有做好则永远没有责任。感情不公平会导致用人不公平、分配不公平，最终造成员工心理不平衡。这种潜在的不公平，是影响员工积极性的一个重要因素。三是解决感情公平问题，要体现在执行的公平性上，执行者心中的感情天平要平衡，讲话做事前后一致。所以，作为管理者，对每位员工的感情公平投入是形成团队精神的首要前提，只有这样，才能形成良好的团队凝聚力氛围。

**必修课之二——习惯训练**　在有了感情公平的基础后，再对员工进行严格的训练、提高要求，员工比较容易接受，因为他知道你确实是为他好。所以可以进入第二堂必修课——习惯训练。

一个人有很多习惯，有思维习惯、生活习惯、工作习惯、锻炼习惯等等，而决定人的行为的是思维习惯。同理，在企业里，思维习惯对员工的行为起着潜移默化的作用。

在与违章员工谈话中，管理者常常会听到，“怎么方便我怎么做；别人怎么做，我也怎么做；以前是怎么做的，现在我也怎么做。”这种习惯思维左右着人们的行为。这是在工作中不可忽视的一种坏习惯要素。要跳出这种习惯思维模式，就必须关注习惯管理的过程，进而养成新的习惯，形成新的文化氛围。好的习惯会使人们走向成功的巅峰，坏的习惯是人们发生错误的根源。比如，看书习惯，有一个人能坚持天天看书，每天利用在睡前一小时，今天看一个小时，明天复习一个小时，那么，假如这个人爱好某门学科，就有可能成为这门学科的领军人物。

又如，袁隆平院士，他有看实验田习惯，不管刮风下雨，工作再忙，他每天都要到实验田去看一看。他的这种习惯，最终促进了中国农业生产发展的成就，为“世界摆脱了饥饿”做出了杰出贡献。科学成功是这样，大生产协作是这样，奥运会各类比赛取得金牌也是这样。这样事例举不胜举。

那么，如何将习惯演变成文化？可以从养成新的习惯着手。新习惯的养成，必须按新的要求训练。训练有两种形式：一种是主动训练，主动训练是与兴趣爱好从业精神有关的训练；另一种是被动训练，被动训练是一种外影响力，它是根据企业精神，或者团队的目标，在没有形成自觉行为之前，通过科学合理的强制要求进行的训练。在理念上的观点要转为习惯是需要一个过程的，只有通过训练这个过程，才能使员工达到要求的目标。比如安全管理中，变“要我安全”为“我要安全”。

如何通过训练缩小认知和行为上的差异？这种训练的方法很多，比如在车间安全行为管理中，采取的是要求员工天天自查安全隐患，自查自改的问题车间不考核，如果有一个员工在一个月内，自查的问题一条也没有，那么，作业区或车间负责人就要找他谈话，查找原因。通过这样的自查自改的行为训练，来养成员工良好的安全自查习惯，消除安全管理的隐患。

在行为习惯训练上，笔者曾听说过这样一个故事，某车间在行为习惯训练上，采取比上级更高的标准来训练员工。如配戴空气呼吸器，上级要求 2 分钟，车间要求 1 分钟，为了达到 1 分钟的目标，他们将配戴空气呼吸器步骤，分解到每一个动作，逐个试验哪一个动作更快，结果发现双肩套比单肩套更快，然后组织员工反复训练，通过高标准训练，来促使员工养成良好的行为习惯。结果，这个车间的职工在参加能源部、安环部组织的煤气防护器材佩戴、煤防知识因知因会的竞赛中，获得了第一名。

一个人长期养成的行为叫习惯，养成一种好的习惯，是练就本领的基础。一群人长期养成的习惯叫氛围，培养了良好的文化氛围，就会形成核心竞争力。只有通过训练，才能养成良好的习惯，形成理念上的默认。当管理者的理念变成员工行为习惯的时候，当他不断地在工作中，交往中取得成功时，他对你的认同就会加深，你再出台一些新的理念的时候，就会缩短理念落到的过程，而提高执行力的效率。当然不同的企业、部门，训练的切入点各有不同。

**必修课之三——默契培养**　默契文化是个人与个人、团队与团队、企业与企业，形成文化氛围的最高境界。它是对一种理念的共同认知，是对制度的自觉执行已经到了一种默契的程度。它可以是一种眼神、一个动作、一组流程或一项制度，等等，运作时无指令地规范地协作。

怎样培养默契文化呢？笔者认为宜遵循先易后难的原则。某部门从开会着手，在培养会风的默契文化上，做到：时间一到就开会，不等人；从左向右顺时针的一个一个发言，不点名下一位谁发言；会议内容有话则长无话则短；少作评论，多作沟通，多讲思路，多讲方法。这样既可以提高开会的效率，也能有效防止迟到。时间长了，就会养成一种默契的会风文化。

在培养现场作风的默契文化上：明确一个主题规则——团队默契合作。出现问题时，不用多讲，大家就知道怎么做。如，一次某车间煤气站的一个焦炉煤气调节阀阀杆发生故障，发现故障时已近下班时间，按理调节阀属电仪点检职责，但机械点检知晓发生此异常时，不约而同地赶至现场，包括技术人员也守候在现场，忘记了回家，心里只想着怎么样尽快地将这个故障顺利圆满地处理好。这种默契现象越多，案例越多，那么凝聚力就越大，工作效率就越高，效果就越好。这是企业默契文化管理的有效方式。

简而言之，习惯形成氛围，氛围成就事业。文化管理是不能拷贝的，文化氛围的形成和推进有一个渐变的过程，一种新理念的产生，它最终会有一种新的载体去运作。推进文化氛围的必修课训练，是达到理想大道的必由之路。

企业文化是企业管理的核心载体，离开了这个基本价值观，就谈不上企业真正的管理文化。“显规则”与“潜规则”的文化角力说到底是一种理念、习惯的角力。是一种制度游戏规则认同、与否定的角力，这种理念一旦确立，这种制度一旦形成，可以影响到员工的工作积极性和行为习惯。积极的理念与消极的理念会产生不同的后果，正规制度（显规则）和非正规制度（潜规则）会引导员工影响个体行为。文化管理工作要聚焦这些问题，它和“潜规则”是影响被影响，引导被引导的关系。由此文化管理要认识到“潜规则”也是规则。

## 第三节 企业人才通鉴标准

企业管理者可以从员工的言行举止，日常工作、沟通发言、就餐聚会、商务洽谈等角度，观察员工的文化价值观倾向性，帮助企业更好地识别优秀的员工，以及识别无法与企业文化相兼容的员工。识人强调价值观与理念的一致性，可以有不同的思路，不可以有不同的价值观。

### 一、企业人才的通鉴标准

企业管理有各种各样的标准，本节不是说工艺标准、产品标准、验收标准，而是谈谈管理人才的文化通鉴标准。

为什么谈谈人才管理文化通鉴标准？因为文化的核心是理念，理念不同、观点不同评出的人才会完全不一样。

诸葛亮用人标准：忠、孝、节、义要求十全十美。结果他大业未成先累死。就像某些企业管理者，拿自己的水平、标准来要求员工，结果老是责备员工，总是不满意，员工怎么会有积极性呢？

曹操用人标准：打胜仗就是标准。下级吃喝嫖赌他不管，他想留住人才，送的就是金钱、美女、汗血宝马，结果还是留不住他想要留的人才，他打下的基业被他人取而代之。古人虽然用人的标准不一样，但是他们都重视人才，因为，他们知道人才是事业之本。

就像我国目前的钢铁企业的“严冬期”，当全国许多大型的钢铁企业主流板块都亏损的时候，某大型钢铁企业主流板块盈利了80多个亿。后来我发现，该世界500强企业，之所以能够在钢铁微利时代成为业界最优秀的企业，是这个企业的人才战略起了关键作用。

## 二、企业人才的"通鉴"之镜

什么叫人才？有的人说能挣钱就是人才，有的人说当官就是人才，还有的人说放在合适岗位的人就是人才。版本实在太多，这里不一一叙述。

什么叫人才？笔者把人才分为三类：一类人才得人心。不管从事什么工作，你都愿意跟着他，他懂得识人、育人、驭人并得人心。二类人才搞创新。他能在传统的知识里，善于发现新知识。三类人才会管薪。资金流"玩的转"，能赚钱。这三类人才用基本标准去衡量是无法全面评价的，因为他们的基本素质好、专业技能强、实践经验丰富。最难把握的是他们运用知识的能力，这种能力使他们能在不同的困境中，一次一次地释放出巨大的能量，最终走向成功彼岸。他们具有高境界，大格局，正能量。正如孔子所说："君子不器"，但是，我们可以仰望他们，去追逐他们的足迹。所以"通鉴"是一个框架性"标准"。企业文化人才战略"通鉴"有大标准：

**识人**　识人是企业管理者的基本功。用文化法则的要求，来衡量，识人首先要学会识人品；识人的人本身要具有人品核心三要素，即"三量"：识人的肚量、胆量和正能量。老话说得好，打铁还得自身硬。

肚量：亲仇不唯，贵贱不分，不唯文凭；不管他人如何对你，你要以直待人。胆量：要有"赴汤蹈火"的气概。"鸿门宴"、"舌战群儒"、"重庆谈判"要需有敢作敢担的勇气、智慧。正能量：人生观、世界观、价值观、信仰、使命等对他人的影响力。比如不在团队里面说负面的话。不具备以上素质的人，辨识出来的人，既挑不起栋梁，又经不起考验，甚至是在关键时刻会出卖你的人。

笔者听说过这样一个故事：1935 年 9 月张国焘擅自率 8 万红军南下，公开分裂中国共产党和中国工农红军，自行成立党中央。由于张国焘的分裂活动，许世友作为张国焘的部下，在延安受挫。毛泽东听说他曾七次参加敢死队，四次负伤，子弹打在下肢上，自己动手挖出来，表现出为革命奋不顾身的英勇精神。

毛泽东想做些思想工作争取他为自己所用，没想到第一次见面，就被许世友打了一拳（唯一一个敢打毛泽东的人），不欢而散。毛泽东不死心，第二次要找他谈话，没想到他提出了一个要求，允许他带枪和子弹见毛泽东。当时，在延安见毛泽东是不能带枪的（唯一一个敢提要求带枪和子弹的人），毛泽东同意许世友带枪和子弹去见他，没想到许世友一进门，就把枪拔出来，往桌子上一放，就向毛泽东下跪（许世友一生只跪过两个人，另一个是他的母亲）。一番谈心之后，许世友不但佩服毛泽东识人有肚量、胆量，更佩服他对中国革命必胜坚定信念的正能量。之后，许世友投入了清算张国焘罪行的斗争。不久毛泽东解除囹圄，“放虎归山”，许世友在抗日战场屡建奇功。

毛泽东的“三量”为我们做出了识人示范轨迹。这是综合素质，很难一下子教会，只能靠个人修炼成长。学会识人，能使对方有一种知遇之恩的感恩图报心理。现在的一些企业管理者，正是少了“三量”素质，才找不出合格的人才，才会埋怨下级不行。

过去打江山要识人，现在保江山还是要识人。某企业强调识人，集团人力部、组织部领导他们从最基层的管理者中，找出有 30 多年基层管理经验的管理者对他们说：“请你们到‘卓越人才发展小组’工作，是因为我们一直在做人才战略工作。目前全中国、全世界都有培训公司、咨询公司、猎头公司，好像还没有专门人才评估公司。把你们请来做人才评估，是看中了你们都是学习型干部，是经历丰富、阅人无数的干部，是有在现场管理30多年经验的干部。你们没有绩效考核，只有使命责任。”

这段谈话，实际上体现了人才不分贵贱，不唯文凭的肚量；敢于尝试新事物的胆量；和传递出肩负人才战略人才使命的正能量。笔者听了感慨良多，不由想起了自己胡乱涂鸦一首诗：少小离家门，他乡遇知音，感悟人生路，点善牍凡身。

后来，“卓越人才发展小组”，出台了《高级人才的评估方案》、《人才动态跟踪维护表》等，对41名中层以上管理者进行评估，对14名企业直管领导人员进行试用期评估，对12名援藏、援青候选干部评估，对11名管理培训生进行评估（从全国清华、北大等等名校找来），对40名新进大学生进行评估，在人才管理信息系统网站，对50多名中层干部进行了网上组织点评，为企业高层领导，在提拔使用人才时，提供了第三方独立评估依据。其中，一些干部经过小组推荐，提到了更高层面的岗位。

笔者说这个事，不是为了说明“卓越人才发展小组”有多少成功故事，而是要说明企业应该要一直思考着企业的人才战略，要一直不停步地在研究企业辨识人才的评估标准，要一直在思考和坚持做人才战略。

**育人**　企业如何培养人？一个优秀的企业，培养人才首先是要培养价值观一致的人才梯队。优秀的领导班子内部，可以有不同的思想，但是不可以有不同的信念；可以有不同的路径，但是不可以有不同的目标；可以有不同产品的价格，但是不可以有不同的价值观。

因此，精神、理念、方向、价值观是企业培养人才起点与重点，培养人才理念的核心要素是什么？精神要高境界、思路要大格局、言行要正能量。而“高、大、正”是摆在企业管理者面前，最难培养的课题。企业的理论创新、管理创新、制度创新、技术创新、工具创新、模式创新等有生命力、有价值的创新都来源于“高、大、正”的原始动力。它是企业取得成功的三大法宝。

**高境界**　佛教中的境界指“三界”即：欲界、色界、无色界。笔者认为：欲界，指人的七情六欲；色界，泛指物质世界各种形态；无色界，可以理解为感悟、修养等精神层面的心理活动过程。所以，从佛教角度理解境界，一个人要想普渡众生，首先要普渡自己，一个人要照亮别人，首先要照亮自己的心境。或者从另外一个角度简单的理解为：你若要教会他人知其一，你自己必须知其三。

普度、照亮的境界，又可以理解为做人的理念。做人，要求每个人都能寻找自身的问题。难不难？难！因为在企业里，找出自身的问题会被扣奖金。那找自己的责任难不难？更难！因为找出自己的责任可能会失去位子。所以，有些管理者就会采取大事化小，小事化了，问题的末端因子还没有找到，事情已经不了了之，企业怎么能搞好。

如若人的境界不高，怎么可以管理好他人！因为，教会他人做事不难，教会他人做人很难，而做人又不是一时半会儿可以教会的，教他人做人是点到为止，教他人做事可以点到细节。所以，古人用感悟、禅定、悟性，来教大家自己去修行，但古人没有找到如何做人的共性的逻辑。而笔者认为：企业管理的初级阶段是事物管理，中级阶段是制度管理，高级阶段是文化管理。

企业管理阶段，不管是企业界，还是学院派归纳的几个阶段，可以用老子的话来解释“一生二、二生三、三生万物”。文化法则运行管理的可贵之处，就是有规则地渐变发展、培养人的综合素质，做到制度不能解决的问题，可以通过文化解决，以提高员工的境界。

如何培养员工高境界，通过企业文化法则长期运行，“法则”要求我们把精神放在第一位，坚信文化的力量、团队的力量、精神的力量。但是，坚信与体会是有时间差的，当你的坚信的理念在实践中，把本职岗位工作做出成绩的时候，你才能体会到理念坚信的幸福，你才能确定你的下一步目标。精神的力量听“先人”说不行，一定要自己去体会、去验证，在带队伍上笔者种过“试验田”。一次，领导在和笔者谈心时说，请你再辛苦一下，到某部门去工作，那里的团队凝聚力不强，绩效不好，担心这样下去会影响到整体利益。后来，笔者运用文化法则模式来解决问题，一年后，团队稳定，绩效上台阶，笔者深刻体会到文化的力量。

文化法则告诉我们，精神与力量是两个层面的东西，当我们谈精神的时候，精神不仅仅是抽象的理念，它还包括感情因素；当我们谈力量的时候，力量不仅仅具体的行为，它还包括精神因素；只有当我们的精神含有感情（包括对人、对事、对自然）的投入，当思想变成行为习惯，习惯反应超常态的发挥时，这才是真正的精神力量。

笔者真正体会到文化法则核心层面的精神力量，还得从五年前，学习乒乓球开始说起。笔者的一位同学曾说：“到了我们这个岁数，身体是第一位的。为了身心健康，我现在是坚持健康三要素：迈开腿（找自己喜欢的运动锻炼身体），管住嘴（该吃的吃，不该吃的不吃，平衡营养；该说的说，不该说的不说，图个安康），平常心（比上不足，比下有余，不盲目攀比，一切天降随缘）。”打那以后笔者就跟他学习打乒乓球，并按照国家队训练基本标准要求自己：小提拉手势，一次连续300个，不能失球，球速一分钟达到60个以上。之后，笔者又学会了三种发球方式，五种进攻手势。通过训练，笔者和原来打不过的人再打，只有一个人我还是打不过他，而且打一次输一次。赢我的球友对笔者说："你再学习三年也打不过我。"听了这话笔者有点不服气，于是问同学，这是为什么？他说："那个球友打了30年的球了，你球龄没有他长，'球皮'没有他老，所以要输球。"

为了战胜他，笔者参加了乒乓球俱乐部，遇到了笔者的第二位乒乓球教练。他原是上海市队球员，曾经取得过全国乒乓球少年冠军，后来又到国外当了十几年的乒乓球教练，现在回国了。

有天晚上笔者到俱乐部来打球时，把"球友赢了我球，还要赢话"的故事讲给教练听，他提议和笔者打一场比赛，比赛后，他说："你的脚步和技术动作的综合运用还不到位，需要进一步训练，但是，如果对方是业余选手，没有受过专业训练的背景，以你目前的水平，一般业余选手是可以打得赢的。你和他比赛不是输在球技上，而是输在信心上。你打球缺少霸气，缺少信心，输球不能输信心，要有精神战胜他的勇气。"之后，教练有针对性地培训了一下我容易失球的动作。在培训中，有一个擦边球笔者没有去救，他马上问："是不是你认为这个球，肯定救不了，就不去救了。"笔者说是的。他说："救不了，也要有救球的动作，救球的反应，这就是一种敬业精神。"

一周以后，笔者又去和那个球友比赛了。此时，笔者树立起在精神上战胜他的勇气，以及输球不能输信心的信念。在比赛中，笔者救出了一个平时训练中没有出现过的动作，拉出了一个将要着地的一个弧线球，边上看的人全部为笔者鼓掌。这时，笔者感到了精神、信念的力量，内心从来没有像这样瞬间的愉悦。那天，笔者体会到的战胜他人虽然离不开球技，但是一个人的精神力量的潜能，比球技更重要。笔者也因此真正体会到那天教练培训笔者的重点，其实是打乒乓球的敬业精神。

由此，笔者深深体会到，企业培养员工，不但要培养他的技能、知识，更重要的是培养他的精神、信念、高境界。一个人、一个企业只有懂得精神的力量，体会到精神力量的强大，才会在不可能的情况下出现可能。

目前，有些企业管理者，心态浮躁，急功近利，他们只相信物质的力量，轻视精神的力量，所以，培养不出优秀的人才、一流的人才。没有人才企业又怎么会有生命力。

**大格局** 是指一个人的视野、胸怀、志向等因素。现代企业管理培训，如果说员工的培训，精神是第一的要素，那么，管理者的培训，格局是第一要素。一个优秀的企业管理者，心中没有大格局，企业就不会有“大手笔”，产品就不会有“大市场”。

大格局与生俱来者不多，后天拓展视野者居多。现在有的企业领导对人才的认识并不清楚，还不如一些老百姓。笔者在基层工作的时候，一位员工曾对笔者说，他之所以当不了干部，是没有读好书，没有“见过世面”，所以，他对自己的儿子说，他省吃省用不能省教育经费，再穷也要带他出去“见见世面”，把他培养成一个有文化的人。结果，他的儿子考上了复旦大学。

某企业一直在做降本增效的工作，省这个，省那个，就是没有省人才培训经费。他们请的老师都是全国一流的企业家、专家、学者，如马云、鲁冠球、吴敬琏、余秋雨、李书福、余世维、郎咸平、黄蒙等。他们“见世面”走访的高等学府最远可以走到美国的西点军校。假如企业没有培养人才的战略自信眼光，在经济不景气的情况下，企业是不敢这样做的。

引进、储备、培养人才对于企业至关重要。美国摩托罗拉公司每年用于员工培训的开支超过10亿美元。美国通用电器公司投入近4亿美元用于员工参加“6西格玛”培训。除引进优秀人才外，企业还要注意培训现有的管理者，使他们不断开阔视野，更新知识，提高技能，紧跟时代发展潮流，提高知识创新能力。

因此，企业要想从优秀走向卓越，一定要把人才战略放在第一位，一定要把主要精力放在培养内部员工的身上，使平凡的人成为优秀的人，使优秀的人走向卓越。通过培养人才价值的增值，带动知识产权增值；通过知识产权增值，带动资源增值。企业文化的法则运行目的，就是形成这样的文化氛围。

**正能量** “正能量”本是物理学名词，而“正能量”一词的流行源于英国心理学家理查德·怀斯曼的专著《正能量》。书中，怀斯曼将人体比作一个能量场，通过激发内在潜能，可以使人表现出一个新的自我，从而更加自信、更加充满活力。

本文认为“正能量”其实指的是一种与健康乐观、积极向上的精神、情感和肢体语言一致的影响力。说一套做一套，拍马溜须，说不利于团结和企业的话，传播不健康的文化，推卸责任，领导叫干啥就干啥，没有担当，自以为是，贪功恋权等等，只要占有其中一项，就是没有影响力的管理者。

笔者听说过这样一个笑话：有一个局长和秘书乘电梯，局长放了一个屁，下一站上来几个人，因味道很重，有人问谁那么不识相，在电梯里放屁，没有一个人承认。过了几天，秘书的同学想请局长办一件私事，请教秘书指条路，秘书和他讲了电梯里的故事，那同学一拍屁股，说了一句话，“‘屁’大的事都不敢担当，看来我找错人了。”

笔者不知道这个笑话是真是假，但是笔者知道，老百姓是看不起没有担当的领导的。当下，企业员工其实真正认同还是积极的、健康的、催人奋进的、给人力量的、充满希望的人和事，要具备正能量。“正能量”已经上升成为一个充满象征意义的符号，与员工的感情深深相系，企业渴望有更多“正能量”管理者，来影响员工。

如何以企业的文化理念为基准，培养、评选价值观一致、积极向上的人才梯队，是关系到企业可持续发展的根本。

**驭人** 是指用文化影响人的行为。企业如何用文化理念的建设和运用，引导员工集体扭转思维认知，从而更好地驱动员工向企业目标规划的方向努力。

怎样驭人？思路方法有千千万万，但是主要有两条企业做得比较好：

一是文化的动力机制。所谓动力机制，就是激励机制与约束机制的组合。在动力机制方面，相对于民营企业，大型国企存在一些局限。沙钢的新思路是，对于核心人才采用一种新的动力机制：我是大老板，把你培养成中老板、小老板，在一个项目中，双方共同投资，三七开或二八开，你也要投资，如果资本不够，我可以先帮你出钱，先把项目做起来，可能十年之后，项目发展了，按照你的贡献，你的股权可以增大。

某企业也在尝试引入这种动力机制。该企业员工薪酬激励机制基本符合四条原则：底线原则——企业员工的总收入不能低于同行业的收入；能级原则——收入的分配可以在不同能级之间拉开差距；梯增原则——企业效益好，员工每年收入增加增幅大于同行岗位；覆盖原则——企业员工从进厂到退休，每年都能清楚地看到自己工资的增长轨迹。所以该企业的隐性成本流失率相对同行要低一些，员工的满意度相对要高一些。

笔者碰到过这样一位员工，长病假奖金一分没有，找他谈心，问：“长病假奖金一分没有，你对这个制度没有意见吗？”没有想到他说："领导，我满意了，和其他同行业亏损企业的一些员工比，我的总收入还比他们高一些呢。"

二是靠感情机制留人，企业建立"八个人"为主要内容的为员工服务的工作机制，尊重人、了解人、关心人、提高人、规范人、激励人、依靠人、凝聚人。这些理念不但在基层管理者身上实践，在高层管理者身上同样在起作用。一次公司一位高层领导(现在是上海市副市长)到笔者的部门来参观，笔者一直陪同参观。参观结束后，他和笔者的领导边走边聊，突然停下来，发给笔者一支香烟，并拿出打火机笔者我点烟。这个肢体语言，表示他对我们的现场管理是满意的，使笔者受到了很大的鼓舞，所以，我临退休之际，对企业仍有一颗感恩的心。

企业文化管理动力机制是文化法则的运行，企业文化感情留人，正能量影响人，成本小，作用大，认可度高，影响力长久。企业始终把人才战略放在第一位，形成自己独有的企业文化，并一以贯之地抓好识人、育人、驭人是企业文化法则的根本之道。

理解企业文化的差异性，以及显规则与潜规则的两重性，能更好地运用企业文化来影响人，进而影响业绩和成效。

# 第八章
# 企业文化法则与五大板块的关系

企业文化的法则和五大板块的关系，是企业管理不可回避的现实问题，也许有些企业管理者会说：我的企业已经有了生产运行管理、贯标体系管理、管控制衡管理、五制配套管理、营销管理、财物管理、人才管理等等，企业管理已经越来越多了，把这些管理做好，就可以了，何必还要开展企业文化法则运行管理？其实不然，正是因为企业的理念、工具、模式、体系太多了，理不清相互之间的关系，原因是缺少一根看不见的主流骨架，这根骨架，犹如高楼大厦里面看不见的钢筋架构，犹如身体里面看不见的中枢神经。企业文化法则运行就是企业的骨架、神经，它支撑着企业有效运行，渗透于企业管理的方方面面，是企业文化管理一条看不见的主线，影响着企业集中管控与授权管理的平衡性关系，尤其在搭建中、大型集团管控体系，或中小单体式企业的运营一体化授权与分权机制。通过文化法则的运行能够建立自我管理、自我约束、自我监督机制。下面从企业五大板块常遇到的瓶颈来叙述。

## 第一节　现场运行产销研模式

现代企业现场管理基本是采取产、销、研模式，企业现场管理效率、质量、成本是企业管理的重点，而这些重点，企业通常是通过现场生产运行，基本围绕计划、组织、指挥、协调、控制五方面来展开，而“法则”要求企业不管运用什么样的管理方式、管理工具，“法则”的五要素都要体现在小到员工，大到组织的管理中，因为“法则”是看不见的“精神骨架”的延伸、支撑在员工与企业、中间商、股东、客户等身体之中，不论对象是谁，文化法则要求的核心是“人”。

要知道如何影响供产销体系，尤其是自觉管控成本、自发改善效率方面所需遵循的行为规则，首先要了解“法则”与现场生产运行关系。

当前，中国有一些企业的内部生产运行的轨迹，是市场、计划、产能、产量、质量、贯标、合同、交货期等。如果要进行分类，可以分为：基础管理、基层管理、运行管理、“贯标”管理、队伍管理、流程管理、制度管理等。它们之间的关系如何平衡，有一些管理者没有认识到企业文化法则运行力量的作用。

中国的企业管理走到今天，可以说把许多简单的管理复杂化了。今天学习这个理念，明天学习那个工具，于是“态度决定命运”、“时间就是金钱”等理念、信息，飞马、铁马、西格玛等一些先进的工具像潮水一般涌来。今天培训、明天考试，结果，员工培训的时候懂了，运行的时候懵了；今天用用、明天放放，就是找不到企业管理的主流载体，这样的企业，怎么能青春常在。有的企业在不同部门之间所运作的理念、工具都是不一样的，缺少主流运行的基本方法和思路。有些管理者每天看上去很忙，但总是忙不到点子上，其实，就是对企业文化法则认识不清，对企业管人管事的关系没有理顺，对管理的目的是提高人素质的同时取得效益的定位不准。

因此，企业文化法则与生产运行的关系：如果把企业视同自然人，从硬件、软件上划分、比喻，那么，企业硬件是骨架与肌肉的关系，软件是中枢神经与五脏六腑的关系。人体内这些东西缺一不可，缺少任何一样，轻者生病，重者死亡。为什么这么比喻，“法则”告诉我们，生产管理必须渗透以文化法则运行为主的思路，因为生产运行的管理是围绕文化法则运行目标进行的一种管理思路、方法、方式等，其目的是为了实现企业目标，而实现企业目标，仅仅是“法则”五个环节中的一个方面。如果企业游离文化五行法则运行，就如同一个人缺少了主流的“精神骨架”，就是一个人云亦云的人，企业犹如一个管理不善的“大妈”，放在篮子里都是菜。

如何在生产运行中通过系统整合、延伸？如：目标管理环节，因为，生产运行管理是企业为了实现预期的目标的管理，我们可以把企业的安全、质量、合同、成本、效率等分目标，统一、量化到企业的阶段性目标上去，以此类推，理念、制度、标准、行为闭环管理。然后，向上延伸，目标是否体现企业精神；向下延伸，目标是否通过建立各种完善制度来保证，制度一部分转为标准，标准规范行为，行为再体现到精神实现闭环运行。

这样，现场生产运行计划的套路没有变化，但是，它的要素结构发生了变化，带来了员工的思想变化、能力的变化。人的思想、认识变了，则行为也将变化，那么，企业的营销模式、课题研究将会发生变化。行为变则企业变。

人的因素决定企业成败，因此，不管是企业管理的决策者，还是企业管理的执行者，不管是具体的计划，还是管理的方式，如果脱离文化法则运行五要素，企业成长的空间将受限。当然，这个观念转变是很痛苦的，企业管理者必须转变观念。

## 第二节 “五制”兼容的配套制度

企业文化法则运行与日常的管理制度能够有机结合。“法则”与“五制”的配套关系，我们可以把它视同于主要方面和次要方面的关系。

企业文化法则运行是企业文化管理过程中一个新的模式，而有些企业的“五制”配套制度，是一个比较成熟的管理制度。“五制”配套，属于管理软件的制度层面：日本的“五制配套”模式（如图 8-1 所示），即以作业长制为中心，以计划值管理为目标，以设备点检定修制为重点，以标准化作业为准绳，以自主管理为基础。这五项内容按照它们各自的地位和作用有机地结合起来，可促进基层其他各项管理工作的全面提高，产生系统、整体的效益。

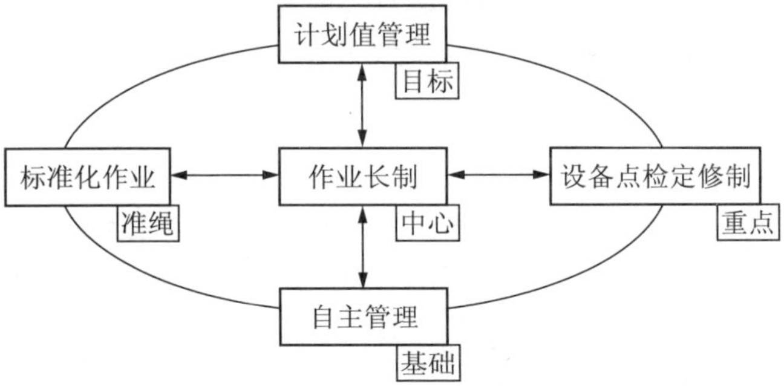


**图 8-1 五制配套关系图**

日本通过在基层建立并实施“五制配套”的管理模式，从而提升现场整体管理水平，确保公司生产经营的安全、稳定、持续、顺行。

宝钢的《作业长教程》，对“五制配套”有如下叙述，本文主要是摘录一些概要。

## 一、作业长制

作业长制是以作业长为生产第一线管理中心指挥者的企业基层管理制度。

作业长管理方面：作业长是基层一级的职务名称，是在分厂厂长（或车间主任）的授权下，全权负责所辖区域的指挥、管理和运营的核心人物，被誉为“小厂长”。作业长主要具有五个方面的权力，即生产作业指挥权、作业协作管理管理权、奖金分配权、岗位组聘权和后备作业长培训建议权。作业长的主要任务是确保“安全、士气、生产、质量、成本和交货期”等目标的完成。

## 二、计划值管理

计划值管理的定义：计划值管理是指为准确运行公司统一规定的生产条件技术、预算等方面的主要管理指标而开展的一切业务活动的总称。

在计划值管理中，基层把对各种生产条件的要求，以计划值为工具，全面、详细、定量地表述出来。公司各职能部门和经营管理层，对计划值进行详细研究，将基层提出的要求纳入计划中，周密安排，为基层生产创造好各种条件。因此，计划值也是推动管理层为基层服务的有效措施。

## 三、点检定修制

点检定修制的定义：点检定修制是一套制度化的比较完善的科学管理方法，按照一定的标准与周期对设备规定的部位进行检查，以便早期发现设备故障隐患，及时进行处理，使设备保持其应有的功能。因此，点检定修制的实质就是以预防维修为基础，以点检为核心的全员维修制。

点检定修制的作用：设备是现代化企业生产的基础因素，要生产出好的产品，首先要有好的设备。因此，基层工作的重点必然是通过全员生产维修，保持设备完好，提高设备综合效率，实现设备的时间开动率、性能开动率和合格品率最高，这就必须保证设备的精度，保持设备的系统功能和性能。

## 四、标准化作业

标准化的定义：所谓标准，就是对重复性的事物、行为、概念等进行统一，统一后的内容就是标准。

标准化作业的作用：标准化作业是“在现代化大生产中对人、机软结合的强化处理”，是保证企业生产安全、工作高效率的有力措施。所谓标准化作业，就是把在企业中所从事的日常的、经常重复的、有规律的活动，由员工严格按照规定的操作顺序和标准，在规定时间之内进行规定的作业，以达到预期效果的行为。

## 五、自主管理

自主管理的定义：日本的自主管理活动是指员工围绕公司生产经营总目标和现场存在的重点、难点问题，自愿结合组成小组，运行科学的管理方法和专业知识，为解决现场问题、提升员工士气等而进行的团体活动。

自主管理的作用：开展自主管理活动是引导员工自主地参加民主管理的一种有效形式，不仅能充分发挥员工的才能和开拓精神，也有利于提高员工的素质，促进人际关系的和谐融洽，增强集体观念、团队精神和满足员工的归宿感。

日本的“五制”配套工具，有些央企还在用，但在形式和内涵上进行了创新，形成了“五制配套”的基层管理模式，从而实现企业管理重心的下移，强化基层基础管理，确保企业有一个稳定高效的运行基础。可以说，“五制配套”的基层管理模式是现代化管理的重要组成部分，是建立集中一贯管理体制的重要基础，对实现公司战略目标起着重要的基础性作用。

随着企业现场管理文化研究的不断深入，现有的管理运行管理模式架构不改进、内涵不延伸，那么，永远只能跟着别人，不可能超越他人。

从企业文化法则角度分析日本的“五制”配套工具的思路与当前企业的现状已经不相适应，亟待改进。

从计划值管理流程上来看：落脚点是计划值管理中贯彻分厂厂长、二级厂(部)厂长(部长)、子公司事业部和股份总经理负责制，各职能管理部门作为参谋和助手。这样流程环节多了，缺乏体现市场的现场服务效率。

作为生产第一线管理中心的指挥者，作业长主要具有五个方面的权力。

生产作业指挥权：原来是管理机组，现在有些部门出现跨区域管理了(应推行，作业长授权下的班长现场作业指挥权)；作业协作管理权：目前有的部门，出现了成建制的协力队伍，实际上是现场协力作业主要管理者(应推行，作业体系管理权)；奖金分配权：奖金是依据绩效(应推行，绩效管理权)；岗位组聘权和后备作业长培训建议权：(可以保持原样，合并)；另外，可以增加一条，评估权：作业长对职能部门支撑现场服务的满意度进行评估。这条可以预防低效管理和管理腐败，破除职能部门就是权利部门的观念，树立职能部门是服务部门的观念，强化企业管理监督。

日本的点检定修制的目的，实质就是以预防维修为基础，以点检为核心的全员维修制。但目前国内企业现状设备管理已经发生了变化，点检制已不适应，主要表现为：一是以点检为核心的全员维修制，概念是不清楚的，事实上是做不到全员维修的。二是全员设备管理在理论上和实际上管理界面也是不清楚的，有的部门点检的内容和操作员工对设备的点检内容是一样的。三是点检定修制，事实上，设备到了规定的周期不一定要定修，而是点检动态维护。

从所谓标准化作业上来看，就是把在企业中所从事的日常的、经常重复的、有规律的活动，由员工严格按照规定的操作顺序和标准，在规定时间之内进行规定的作业，以达到预期效果的行为。标准化作业合理性我们要坚持的，但是标准化作业在一定程度上限制了员工的能动性。

**［案例］** 笔者碰到过这样一件事，有位员工在现场检查跑冒滴漏，发现一个蒸汽安全阀蒸汽大量外排，又发现安全阀前有减压阀，减压阀前压力为 5.3 bar，阀后为 5.0 bar。安全阀的起跳压力为 5.0bar，员工发现了问题但未作进一步处理。问点检人员，点检人员认为减压阀和安全阀都符合制定的标准，但是，现场设备在冒蒸汽，标准不管用了，他也不敢违反标准作业。不管他是真的不敢反标准作业，还是怕考核，都是管理者要思考的一个标准文化问题。

因此，标准背后的是企业精神，要转化到文化管人上去，因为文化管人其实就是文化法则的运作，只要我们坚信法则的力量，才能确保企业发展的后发优势。

标准化作业是一种管理规定，它要求人们按严格的岗位操作规定来执行，但是岗位规定不可能覆盖所有的工作流程，不可能覆盖所有的员工行为，如果我们仅仅把标准照搬照抄，不联系现场实际，在突发异常前面，往往会出错。

因此，标准是不能覆盖员工所有的行为。标准后面有闭环的文化要素。

简而言之，日本的“五制”配套工具，只是企业文化法则制度层面的一个部分，可以继续使用，但是要能获得改进、发展、变化，就要求原来的工具管理能兼容文化法则管理，这样企业才能从优秀走向卓越。

企业文化管理目的，就是要找到企业文化管理的规律，并把它提炼为：企业文化法则的运行。它的变化轨迹，即理念要变成目标，目标要变成制度，制度要变成标准，标准要变成行为，员工行为要体现企业理念，这就是企业文化法则的逻辑。

因此，可以看出，“五制”配套制度只是文化法则的制度层面管理的一个部分，它的运行逻辑不是很强，当生产、设备、市场、环境、资源、法规、政策等发生变化时，它的应变能力不如文化法则。

文化法则可以演绎到企业管理的各个层面，各种理念、思路、方法、工具都可以找到它们相应的平台，使企业形成自己真正的竞争力。

## 第三节 贯标管理的运行体系

企业文化法则的兼容可以建立“五大体系贯标”，以解决体系审核与日常运营两张皮现象。使“五大体系”成为借助企业文化优化企业运营的有效手段。

美欧的“五大体系贯标”在中国一些企业管理的运行中，一开始是针对质量管理而言的，它涵盖不了员工信不信、愿不愿、做不做的问题。而中国一些企业的基层管理者，往往把贯标体系与企业现场管理混为一谈。一次笔者和一位体系管理大师探讨产品质量，笔者问他质量为什么会波动，他说是企业贯标体系工作没有做好，假如什么事情都按照贯标体系的思路和方法去做，就可以做好了。笔者问为什么？他说因为体系的核心要素是：PDCA循环、写所做，做所写、持续改进。笔者说，贯标不是什么事情都可以做好的，主要是对企业的质量管理有指导作用，质量波动不但有体系因素，还有人的思想波动因素，贯标体系能解决仁、义、礼、智、信、德和敬业责任吗？他回答不出来。

其实，美国人戴明理论PDCA循环思路是跟中国人学习的，他们只学习到了一半，用在事上了，没有用在人上。

中国的PDCA循环，最早是《周易》卦辞记事的总符号，古书《子夏易传》记载：元，始也；亨，通也；利，和也；贞，正也、固化。

曾仕强教授讲授易经的64卦，总结起来就是“元、亨、利、贞”四个字，他把这喻为一个行动的循环过程。

无论是大事小情，都存在着一个“元、亨、利、贞”四个过程，循环过去，又有了一个新的循环继续进行着。

“写所做，做所写”能覆盖员工所有的行为吗？不能，既然不能覆盖员工的所有行为，什么事情都按照贯标体系的思路和方法去做，就可以做好了，这种观点在企业文化法则管理面前是苍白无力的。因为，贯标体系针对企业产品质量起作用，但它只是企业文化法则运行逻辑管理制度层面的一个支流，它不是企业文化法则逻辑管理的主流。

有些企业提出了用“P、D、C、A＋认真的思路”去管理质量、管理企业等就是认识到了人是关键因素，再好的理念，再好的工具,得不到员工的认可,员工不愿意认认真真做好每一件事,那么,企业的小日子就不好过了。如何调动员工的积极性、能动性、自主性、管理者只有按照文化法则运行,形成企业自己独有的文化,才会起到事半功倍的效果。因此,用"P、D、C、A+认真的思路"管理质量,方向是对的,但是如何使每个员工真正认真起来而不是口号叫叫,就应该认真按照文化法则运行逻辑去实践,通过法则运行,形成贯标体系的主流骨干,树立认真的理念,养成认真的行为,带动整个团队形成认真的文化氛围,这样才能实现企业的目标。

## 第四节 "五个流"支撑的服务机制

企业文化管理要围绕"五个流"支撑的服务运行机制,以及借助"五个流"平台的分析和挖掘,更好地解决企业文化的薄弱环节,提升企业文化在日常运营中的价值点。

企业"五个流"是企业管理的基本属性(即信息流、知识流、资金流、技术流、物流),它与企业文化法则关系是问题的主要方面和次要方面的关系。

企业文化法则是主流运行平台,"五个流"职能属性是支撑服务平台,这一点,一些企业管理者的认知不清楚,所以企业运行的管理载体往往主次不分,他们把职能管理、现场管理,体系管理、工具运行等作为并列运行要素用来管理现场,并将其作为企业现场运行的基本模式。这种"眉毛胡子一把抓"的做法,根本抓不住主要问题。

优秀的企业管理者,犹如有功力的散文家,他可以跨越时空叙述平型关的枪声、芦苇荡的歌声，却始终围绕中国人民的抗日精神，而做到形散神不散。企业文化法则运行就是这个道理。

下面对“五行法则”与“五个流”的从属关系进行推理演绎，这样，企业在运行文化法则管理企业与员工时，就能够做到融会贯通。

## 一、信息流——对应文化法则理念层面

信息流在分析时对应企业文化法则理念层面。因为，笔者所指的理念是抽象的理念。理念是随着社会环境的变化而变化的。社会环境发生变化，会影响人们的感官与实践，最终转换成各种数据，经过对数据的分析，产生了新的理念，理念又去指导人们的实践。所以，从企业文化法则角度层面去分析，信息流可以归纳到理念范畴。当信息转换成知识，知识又会产生核心理念，核心理念转换成战略决策。因此，信息必须经过处理、转换，才能对现场起到服务支撑作用。

## 二、知识流——服务企业文化法则目标层面

知识流在分析时对应企业文化法则目标层面，因为实现目标需要知识。学者们常把信息与知识的关系比作两个大小不同的同心圆，信息是外层圆，知识是内心圆。这形象地表明了信息是知识的基础，而知识是信息的核心。

所以，从企业文化法则角度层面去分析，可以这样理解：知识可以归纳到信息流范畴，当信息转换成知识，知识又会产生核心理念，当理念转换成战略决策时，它必须跟随明确战略目标。因此，本书把知识流归纳到目标范畴。

此处对知识流的结构、知识流的分类、知识流的性质、企业知

识流模型等不做全面陈述，只谈谈关键注意事项。

1. 企业在运行知识流时，要注意信息流和知识流区别

企业必须清楚地认识到知识与信息是有一定的联系的，但它们之间也是有区别的，可以说，知识是信息升华的成果，也是一种浓缩的系统化了的信息。

2. 企业在运行知识流时，要注意刚性和柔性流区别

在运行知识流时，管理部门若把文化作为刚性指标考核，就会背离文化柔性管理原则，刚性往往将知识视作"库存"管理，缺少了"流"意义。没有"对话"，欲将信息转化为知识是一件很困难的事情，所以只有创造一个柔性共享的氛围，不断进行信息交流，才能产生新的知识。

3. 企业在运行知识流时，要注意显性知识和隐性知识的区别

知识分为显性知识和隐性知识。显性知识是指已经凝固在一定物质载体上的人类智慧。隐性知识是指存储于人们大脑的经历、经验、技巧、诀窍等尚未公开的秘密知识或只可意会难于表达的知识。在传统观念中，"教会徒弟，饿死师傅"，如果把这部分知识拿出去共享，"师傅"就可能因没有价值而失宠甚至丢掉工作。因此，必须建立一套有效的激励机制和评价体系，鼓励员工提供自己的隐性知识供企业共享，并积极进行知识创新。

有些企业，管理去行政化，转变为知识化管理，为此，企业可以设立知识主管。美国施乐公司于20世纪90年代开始实施知识管理，设立了知识主管，其主要职责是：了解公司的环境和公司本身，理解公司内的信息需求；建立和造就一个能够促进学习、积累知识和信息共享网络的平台，使每个人都认识到知识共享的好处，并为公司的知识库作贡献；监督保证知识质量、深度、风格，并与公司的发展一致，其中包括信息的更新等；保证知识

库设施的正常运行;加强知识集成,产生新的知识,促进知识共享的过程等。

随着经济全球化、网络化、一体化的推进,知识的作用日益明显,已经成为企业的一种战略资源,知识管理必将大行其道,并终将成为当今企业的制胜法宝。

## 三、资金流——属于企业文化法则制度层面

资金流在分析时对应企业文化法则制度层面。此处的制度是泛指各种政策、规定、要求和具体制度等。

资金流也是指在营销渠道成员间随着商品实物及其所有权的转移而发生的资金往来流程。从总体上来说,企业的经营可以简单地概括为从资金到更多的资金过程增值。如企业的一个经营循环,首先,企业会用投资者和债权人投入的现金去购买原材料、机器设备,聘请经营管理人员、技术人员、操作人员等组织开工建设;然后,再经过现场生产、工序、流程等管理变成产品;之后,将产成品投入销售环节,企业与客户之间实现了交换,实现销售资金回笼。这就是一次现金变成资产,又变成更多现金的企业经营活动的基本过程。

所以,资金流的融资政策、回报速率是资金流的方式之一。我们把它列为制度管理的范畴。这样,在企业管理当中,资金流的整个运行是为企业现场管理服务的,它对现场的支撑只能起到服务职能,而不是行政管理职能。说白了,现场需要的各种资源,因此资金综合管理、采购、物资、设备等部门必须要高效服务于现场,按照现场的管理需求、节奏服务到位,职能部门制定的各种制度、规则,必须为现场成本、效率服务,现场管理的“婆婆”只有一个,几个“婆婆”都要管,企业的现场管理效率就不高了。

## 四、技术流——属于企业文化法则标准层面

在分析时对应企业文化法则标准层面。因为技术流包括技术标准、新品开发、技术手段等。现场设备管理都有技术标准。

技术流在制造行业中投入的启动成本很高，但是，形成技术以后，技术投入的成本回报率会远远大于资金投入的成本回报率，技术投入的风险小，资金投入的风险大。

某部门在安全检查中，发现吸附塔表面有裂缝(因为生产的需要，产品有市场盈利能力，技改项目还要等三个月才能上马)，要弄清楚这条裂缝对制氢站的运行是否会造成危害，这台设备裂缝能否延续三个月运转，该部门没有检查的技术和手段，于是请来了专业的部门检测部门。技术人员采用超声波探伤等多种探伤手段，只用了几天就写了一份诊断报告，主要是保证设备裂缝能延续三个月运转，并盖了一个检测部门的印章，攒取了几十万元人民币。几十万只换来一张纸的内容。这就是技术流在现场运行的低成本高效益的体现。

所以，支撑服务板块的技术流，对现场的设备运行起到至关重要的作用。有经验的职能部门管理者，在市场低迷的现状下，不但要研究现场的服务效率，更要研究新技术对现场的服务支撑，通过对现场的服务体现职能管理部门自身的价值。当然，企业通过产、销、研一体化激励机制也好，买入、卖出技术也好，只要有利于企业、员工和用户的共同发展，都可以实践。

## 五、物流——属于企业文化法则行为层面

物流在分析时对应企业行为层面。因为，组织行为不仅仅是个人行为，它还包括集体行为以及延伸设备、工具等。在企业组织

行为层面，可以分为两个方面：

1. 企业内部物流——工序流

它是企业从原料、加工、产品、库存等流程管理。企业库存物流管理的关键是保持物流有节奏地平行流动，它考虑的是市场因素、设备因素、产能因素等，这是企业通常思考的一种管理方式。其实，企业可以换一个角度思考，现在，大多钢铁制造行业做的都是中间产品，如果把中间产品直接做出成品，那么，物流的许多因素和中间环节就可以省略。当然，大型钢铁制造行业肯定一下子做不到，企业可以从多元产业架构上思考。

企业交叉物流，是根据企业机组的产能，通过物流的周转来发挥机组的最大产能。

2. 企业外部物流——产品流

涉及订单、运输、库存、交付等多个环节。其目的是保持物流有节奏地平行流动，可以视同企业管理行为。

其实，企业可以思考信息物流。目前，中国的物流软件市场和中国的物流市场一样，处于初级发展阶段，缺少具备强大实力和规模的龙头企业，IT 企业的处境不可谓不尴尬。

企业应该抓紧研究信息化物流建设的方案设计，有针对性地解决具体问题。解决局部环节信息物流的盲区。

企业的“五个流”，单独运行都可以盈利，如果匹配于企业文化的法则，组合运行可以利滚利。

本书将“五个流”归纳到企业文化法则的五个环节，其根本目的是认为企业“五个流”是企业职能支撑服务部门，而不是企业的权利部门，它的主要职责是按照“五个流”的特点定位，这样，现场的“婆婆”少了，管理效率就搞了。

企业文化法则的逻辑——人本属性第一，价值属性第二，再通过科学管理的思路、方法、工具等企业资源的运行，才会使人本价值最大化，必然带来企业价值最大化。

所以，企业现场一线管理者，重点是执行企业文化法则，中层管理者，重点是运行企业文化法则，高层决策者，重点是管理企业文化法则的战略方向。

## 第五节 管控制衡的源头设计

制衡管控这个问题是全世界所有的企业都没有很好解决的一个突出的问题。企业没有制衡，就会产生浪费；政府没有制衡，就会产生腐败。在中国公司的治理框架下，有三个“会”：股东大会、董事会、监事会。想通过三会进行管理制衡，结果没有做好，频频出现“总经理照样贪污腐败，董事长照样将卷款逃走”的现象。

为什么呢？因为总经理的工资都是老板发的，想在这个企业里干，他还会说三道四吗？股东大会的监督，也只是看看年报而已；股东大会的代表只不过听听而已，根本不知道内幕。一些企业的监督、制衡是凭老板的觉悟和良心在运作，并没有完全按照制度的规范性来运作。

于是，学外国，把政府机构或社会名人引入董事会，重点决策要听听他们的意见。可是这样运作也不是很成功。因为，董事会成员对公司的运作并不一定真正了解。这条路效果也就不明显了。

后来又引入了企业审计（审计公司）和评价（标准普尔的评价）制度，审计企业的财会资金，评企业的信誉度。但是后来也不行，为什么呢？因为你请人家来审计、评估，由企业付钱。审计公司和评价公司为了保持合作关系，他们也会手下留情。

美国的安然公司就是典型的一个例子。安然公司请安达信去做审计，安达信发现安然公司的财务报表有诚信等问题，但被安然公司买通。事发后，安然公司倒闭，安达信公司也倒闭。所以现在只有四大会计事务所（普华、毕马威、德勤、安永）。

从公司管理的角度上来看，全世界企业目前都没有有效地解决制度制衡管理。如何才能有效解决制度制衡管理的问题呢？笔者认为应先从文化法则的思路上去解决。企业文化法则要求我们五个环节一个都不能少，哪个环节出现问题就把这个环节作为源头来抓，然后，上下闭环延伸。常有的问题现象有两种：

第一，制度职能不明确，流程颠倒导致管控失灵。

**［案例］** 某企业在运输废品材料上出了问题，企业进行了通报。上级部门要求企业引以为鉴、举一反三。企业马上进行案例分析，发现问题可能出在制度流程职能上。为了验证分析，相关人员到现场蹲点检查，结果发现原有制度的规定与现有装卸流程表述不一致。制度规定对接单、装卸、验收环节作了明确规定，但是，没有明确谁是验收，验收方式，验收的责任者。而装卸流程也没有明确是先装卸还是先接单。后来，企业对制度进一步完善，强调了规定的流程不能颠倒，明确了双向的确认者，并按照企业文化法则从理念上强调了为什么这么做等等，进行闭环宣传管理，确保了运输废品材料100%无差错。

第二，制度与标准界面不清楚。

企业有了制度为什么没有执行力，因为制度是文化法则的第三个环节，长期的实际经验告诉我们，如果一个企业的制度与员工的人生观、世界观、价值观相背，员工不认同企业的制度，制度就没有执行力。这个观点大家应该比较容易理解。其次，制度的特征有两个方面：一是制度具有责任、职责、范围、行为规范等特征，二是制度具有约束作用、追究作用等特征，就是你出了问题我要考核你追究你的责任。这是企业通常的管理思路，如果认同这样的说法，就会产生问题，因为第一个特征主要是管理者应该牵头做的事情，而第二个特征又涉及针对管理者和员工考核的问题，它是事后结果追究的行为。那么员工事前应该做什么，怎么做，才能避免出现事后的追究行为。其实，两者之间少了一个标准环节，岗位标准、工艺标准、标准化作业才是员工事前管理的常态行为，因此，制度管理和标准操作是一个问题的两个方面，不能混为一谈。对员工行为来说第一是执行标准，因为，各种标准直接和产品质量发生关系，而制度是间接与质量发生关系，这个顺序是不能颠倒的。颠倒了执行力就缺失了，因此，有没有执行力是领导有无有效管理的问题，而不是员工执行力不强的问题。再次，有了标准，我们有些领导就会认为员工自然而然地会执行标准，其实不是这么一回事，中间还有一个前后联系的过程，即：理念决定目标，目标靠制度保证，制度又要细化到标准，标准才能实现行为的标准化作业，这五个环节的固化、培训、检查等等法则的运行模式长期重复发生，就是企业的文化法则运行管理，只有当解决了员工知不知、会不会、愿不愿的问题时，才形成了企业独特的企业文化，才会产生真正的执行力。

企业文化法则的运行犹如一个人在放风筝，风筝飞得再高，总有人用一根主线牵引，这根线就是现场管理的主线。风筝头又好比企业的“五个流”，它飞得高，看得远，还得把收集到的信息反馈给现场管理者，从这个意义上来说它的职能只能服务于现场管理，而不是现场管理的主流平台。而现场管理者通过“五行法则”运用，转换成规范化和程序化的制度等来服务、约束、激励员工，这整个过程才是体现了企业文化法则的人本管理。“五行法则”运行能提升企业自我约束的力量价值，只有认识到这一点，才能自觉履行制度，把制度完善细化为标准，弥补企业制度管控不到位、源头设计制衡不到位的缺陷。

# 第九章 企业文化成熟度诊断

在陈述企业文化法则时，为了把这个问题讲清楚，所以分成五个方面来叙述。这五个方面的内容是相互联系，互为渗透，相互影响的。而在陈述企业管理文化成熟度诊断时，也只做大分类表述。至于大分类里面，对各分类相互联系，互为渗透，相互影响的关系则不再细分。

## 第一节 理念诊断

企业理念诊断是企业文化精神层面的核心要素，优秀的企业的人才战略，首先是培养价值观一致的人才梯队。优秀的管理团队内部，可以有不同的思想，但是不可以有不同的信念；可以有不同的路径，但是不可以有不同的目标；可以有不同产品的价格，但是不可以有不同的价值观。

因此，精神、理念、方向、价值观是企业诊断起点和重点。笔者在此，把它作为第一重点诊断要素。企业理念诊断的细节主要在以下方面：

### 一、企业理念诊断

职能　它是企业具有自己独特的文化传承发展的特性，是企业在各种生产、管理、营销、发展、创新等方面的总体要求与界定。属于企业文化意识形态范畴。

成功的企业一般都在愿景、精神理念总览下，形成有部门特色的职能理念。(1)使命理念：成为员工与企业共同发展的公司典范。(2)经营理念：为用户服务。(3)管理理念：管理出效益。(4)协同理念：横向到底、纵向到边。(5)人才理念：合适的岗位就是人才。(6)效率理念：时间就是效率。(7)成本理念：用最少的投入得到最大的产出。(8)服务理念：用户的困难是企业的困难、用户的利益是企业的利益。(9)体系理念：不存在不创造价值的岗位、不存在没有市场业务的单元。(10)环保理念：绿色工厂、绿色产品等。一般来说，一个企业部门，有了自己特点的理念，而这些理念又是服从企业总体精神的理念，就可以说，这个部门的文化建设是有影响力的。

## 二、企业价值观诊断

价值观的影响效应　价值观不仅影响个人的行为，还影响着群体行为和整个组织行为。在同一客观条件下，对于同一个事物，由于人们的价值观不同，就会产生不同的行为。对企业而言，同一个规章制度，如果企业和员工的价值观相反，那两者就会采取完全相反的行为，将对组织目标的实现起着完全不同的作用。企业价值观通常是指，企业必需拥有的终极信念，就是企业员工判断事务时依据的是非标准，遵循的行为准则。

职能　企业对市场、对客户、对员工等的看法或态度，影响与表明企业如何生存的立场，它具有不可改变性与不可发展性的特征。

价值观诊断的关键，是用于各种场景诊断的企业文化规则的一致性。细分为十个细分控制项目：

1. 决策层面　企业决策层面的管理者，如果在不同场合反映出核心理念、信仰、价值观与决策层不同，那么，企业主要决策者应该把他放到下一级管理层面。如有一技之长，用其所长。

2. 管理层面　企业管理层面的管理者，主要是看在管理工作之中是否执行了上级的精神，是否消化了企业的文件精神，并结合部门的实际制定部门的管理制度。如果只会传达企业精神、文件，那么该管理者是不合格的管理者。

3. 技术层面　主要是看是否在攻关过程中，在原有的工艺、技术的基础改善、改进对体系的理解与推进，从而推进了产品的质量等方面。这是衡量技术人员对企业价值观认同的一个主要方面。

4. 操作层面　主要是看是否把岗位上的事情做好，确保自己人身、设备等方面安全，强调敬业、专业等方面。这是衡量员工对企业价值观认同的一个主要方面。

5. 协同层面　主要是看是否把企业精神宣传至协作单位，并通过项目管理、5S管理等，来确保协力队伍人生、设备等方面的安全。对这是衡量协力队伍对企业价值观认同的一个主要方面。特别是在安全管理上，如果先期没有进行有效的观念沟通，现场管理不但执行不到位，还有可能发生冲突事件。

6. 社交层面　社交层面一些细节，往往可以看出一个人的真实面貌，有些管理者在企业里，方方面面表现的像一个管理者样子，但是一到社交场面，就换了一个样子，说到底是对企业精神的不诚信。

7. 家庭层面　家庭18岁以上的成员，在不同场合所反映出的不同理念和作为，往往带有其父母的影子，从这个维度可以求证企业管理者与员工对企业精神的诚信度。

8. *社区层面* 企业基层工作者，有些时候要和社区打交道。一些员工在企业表现不错，但是，在社区里面口碑不佳，这说明他内心并没有认同企业文化。

9. *环境层面* 在不同的环境之中，员工的行为，可以反映出一个人的理念是否正确、信仰是否坚定。

10. *外交层面* 企业的管理者和技术人员与外企打交道的机会比较多。在一些外事活动中，外事纪律是反映管理者信念和价值观的一个重要方面。

## 三、企业观念诊断

**职能** “观念转变”一直受到企业界的广泛重视。越来越多的企业通过观念管理、市场定位、参与竞争、扩大市场、采取观念定位来推动产品为消费者所接受。观念职能可细分为十个细分控制项目：

1. *观念传承* 优秀的企业总会传承先哲或创业者的精神。如：“诚信观”，中国企业的文化管理离不开对儒家文化的传承和创新。将儒家之道与企业文化管理相结合，无疑是中西企业管理思想与方法在管理实践中的创新。同样，企业新旧管理层传承工作做得怎么样，可以体现出企业在管理模式上、管理能力上的境界如何。

2. *观念定位* 观念定位决定企业战略绩效目标。如：当年宝洁公司推出一次性尿布时，最初在市场上受到了阻碍。广告策划人员发现障碍的核心乃是观念定位。因为，一次性尿布的观念定位，不是体现母亲要图方便，而是体现宝宝需要更柔软更安全更卫生的尿布，一次性尿布当然是最佳选择了。这样用转变了的观念去看待一次性尿布，问题就迎刃而解了。同时，经过几年的实践，整合营销受到了广告主们的青睐。

3. 观念发展　创新思想观念，就是破除影响和制约发展的旧思想、旧观念、旧体制、旧机制，最大限度地解放和发展生产力。

思想观念的创新是发展的关键。要克服“等”、“靠”、“依赖”和“简单化”的倾向，树立高标准、创造性地抓落实的观念；要杜绝急功近利的短期行为，树立正确的政绩观，不断创新观念，创造性地实现奋斗目标，真正实现合作共赢。

4. 观念内涵　观念内涵是一种抽象的概念。内涵不是表面的东西，而是内在的，隐藏在事物深处的东西，需要经过长期的实践、探索、挖掘，才得以概括。

5. 观念落地　观念落地的关键是理解，只有深刻地理解了观念的内涵，才能在工作、学习生活等活动中产生相应的行为。那种理解的要执行，不理解的也要执行的观念，是与企业文化管理相背的。

6. 观念评估　观念执行主要有两种方式：一种是通过沟通、传播，感悟后自觉执行。而在企业管理中，通过感悟执行容易走样。最好的观念执行方式是在传播观念的同时，提出行为要求。例如，节约每一度电，养成随手关闭电源开关的习惯；节约一滴水，养成随手关紧龙头的习惯；能走楼梯不坐电梯，养成多走楼梯的习惯。观念提出后，是否有行为要求，是衡量企业文化执行力的标准。

7. 观念固化　企业的文化管理是否成熟，主要是看先进文化是否得到固化，是否有各种载体的传播，如书籍、电影、电视、报纸、杂志、广告、微信等。这是检验企业文化管理成功与否的一个主要方面。

8. 观念转变　观念转变对于企业管理者来说是一个很不容易的事情。要想观念转变，如果不是读万卷书、行万里路，有的人一生一世都不会转变观念。转变观念是转变行为的前提，观念变行为变，天下大变。

9. 观念方向　企业观念的方向、道路是企业发展的根本动力。一些企业通常开始有比较明确的方向、路径，但是时间一长，有的企业偏离方向、路径，有的企业是忘记了出发目的，导致企业经营亏损。企业的主流文化方向是看一个企业战略思想与行为是否相一致。

10. 观念创新　理论来源与实践、高于实践同时又能反作用于实践、指导实践。理论创新能够推动实践活动的层次、质量不断提高和更新，为企业创造出更多、更有价值的成果，为社会创造更多的财富。企业文化管理的观念创新主要是看是否有有影响力的观念和相应激励机制。

## 四、企业——理念落地

**职能**　只有企业理念落地了才能形成企业文化。当企业理念被员工认同并付诸行动之时，便形成了真正的企业文化，完成了企业理念落地。可以细分为十个细分控制项目：

1. 理念源头　企业文化建设的核心是精神文化建设。精神文化建设就是要统一思想。企业理念的提炼是企业精神文化建设的重要步骤。

2. 公司愿景　企业理念的提炼，就是要找到适合企业发展的思想并用精炼的语言表达出来。难点是有些理念可能只是少数骨干的思想，未被企业管理者和大多数员工接受，这时，要看这种理念是有助于企业的发展。

3. 理念目的　找出理念落地的工作重点，是解决“做什么”的重要步骤。企业文化建设从企业文化诊断开始。

4. 理念难点　企业文化含盖面非常广，要突出出重点，不能胡子眉毛一把抓。弄清楚企业理念落地的重点，就知道某些理念没有被广泛认可的原因，有利于企业管理者改变观念，进一步落实企业理念落地工作。

5. 理念差异　企业文化诊断就是要找出哪些理念是目前没有被企业成员普遍接受的。是什么原因？是文化差异，还是潜规则的作用？要分析其成因，这是企业理念落地工作的重点。

6. 领导带头　领导重视并执行，起到模范带头作用，理念落地工作才能落到实处。企业管理者有统一认识，员工才会有统一行动。

7. 学习辅导　企业要建立规范的学习制度，定期学习、讨论、辅导各种企业文件精神，消化、完善企业的各种规章制度，以确保文化落地。

8. 案例分析　最好的案例分析应该是发生在身边的人、身边的事，发生在企业内部的案例。企业运营过程中经常会出现理念冲突、执行不到位的地方，也有执行理念非常好的地方，这些都是非常好的案例，有利于企业内部培训。

9. 规范流程　企业制度、流程包含有其原有的理念、思想，因此在确立了新的理念体系后应当对旧的制度、流程进行一次系统、全面的重审，针对不符合现有理念的制度、流程进行完善。

10. 文化监控　建立企业文化监控体系，对阶段性企业文化建设工作进行检查，总结取得的成绩与存在的不足之处，不足之处正是下一阶段需要努力改进的重点。

## 五、言行一致

**职能**　说的和做的完全一个样，表里如一。致：完成、达成、达到。言行一致，最容易说到，最难做到，也是企业文化建设的重点、难点。一个人心里想的和做的为什么不一致，企业文化会帮助你从环境因素中找出对应关系的诊断方法。可以细分为十个细分控制项目：

1. 世界观　世界观的基本问题是精神和物质、思维和存在的关系问题。根据对这两者关系的不同回答，世界观被划分为唯心主义世界观和唯物主义世界观。对应关系表现为人们认识世界和改造世界所持的态度和采用的方法最终是由不同世界观决定的。

2. 人生观　人生观是关于人生目的、态度、价值和理想的根本观点。它主要回答什么是人生、人生的意义、怎样实现人生的价值等问题。具体对应关系表现为苦乐观、荣辱观、生死观等。如：有人在大雪里等车，埋怨遇到倒霉的天气，很痛苦了。有人在大雪里等车，认为是一个经受锻炼的机会，很快乐了。这是一种情景诊断。

3. 价值观　价值观是社会成员用来评价行为、事物以及从各种可能的目标中选择自己合意目标的准则。价值观是通过人们的行为取向及对事物的评价、态度反映出来价值取向，是世界观的核心，是驱使人们行为的内部动力。具体对应关系表现为有人损人利己，有人公而忘私；有人考虑部门利益，有人考虑整体利益等。处于相同的自然环境和社会环境的人，会产生基本相同的价值观念。可以用于场景诊断文化。

4. 哲学观　哲学是关于世界观、价值观、方法论的学说。基于对世界观、价值观问题的理解和回答，才有了人们对待哲学的各种自觉或不自觉的态度、方式。而能够给予这些问题以一定理解和回答，并指导人们的态度和选择方式的学说，归根到底又只能是哲学。可以通过沟通诊断法。

5. 民俗习惯　民族风俗习惯是一个民族在其长期历史发展过

程中相延久积而成的喜好、风俗、习惯和禁忌，主要表现在饮食、服饰、居住、婚姻、生育、丧葬、节庆、娱乐、礼节、生产等方面，从而可以诊断出不同的民俗文化。

6. 生活方式　如饭前喝汤饮食习惯。我国江、浙地方用餐习惯一般都是先吃菜、饭，后喝些汤。有些地方的人用餐习惯是先喝点汤，再吃饭（面包等）。这两种不同的用餐习惯，究竟哪一种科学、合理？从科学卫生的观点看，先喝点汤再吃饭比较好。可以从各种生活方式来诊断生活文化。

7. 思维习惯　良好的思维习惯主要体现于三个方面：物质生活、世俗生活、精神生活。在物质生活中，做到专心致志，动静适宜。如一个新生下课刚刚打好篮球，上课马上进入角色是反映了良好物质生活的思维习惯。在世俗生活中，你要通人情，守礼仪，故人云："世事洞明皆学问，人情练达即文章"，一个人能通过将心比心来帮助人是反映他良好世俗生活思维习惯。在精神生活中，一个人能享受自然、难得糊涂、懂得自我反省是反映了良好精神生活中思维习惯。应该从小培养，长期习练，养成良好的思维习惯。

8. 认知习惯　学者们常常用辩证思维来描述东方人，用逻辑思维或者分析思维来描述西方人。中国人的辩证思维认知习惯简单点说：没有矛盾就没有事物本身；认为任何事物都存在着你中有我，我中有你，并有适度的合理性。西方人的思维是一种逻辑思维，强调世界的同一性、非矛盾性和排中性。非矛盾性相信一个命题不可能同时对或错；排中性强调一个事物要么对要么错，无中间性。不同的思维认知习惯，反映了不同文化背景，会产生不同的行为结果。所以换位思考是一种文化实力底蕴的表现。

9. 职业习惯　职业习惯是指，因长期从事某种职业而养成的一种极富职业特点的言谈举止。比如：一对情人正在亲吻，一个医生见到了，很可能把情人间的亲吻看成了人工呼吸。职业习惯反映文化特征比较明显。

10. 工作方式　不同的工作有不同的工作方式，即采用一定的思维方式，运用一定的工具或方法，来完成某一个任务。比如：企业标准化作业是一种方式，从文化管理角度来说，可以归纳到企业标准化管理文化。

简单地说，企业在文化的核心理念层面，把以上诊断工作做好了，就会产生更大作用。这里不在展开叙述，留一些空间让读者感悟理解。

## 第二节　目标诊断

**企业目标管理诊断的细节**　企业文化法则是企业战略营运管理第一个职能模块，职能模块下面分为战略控制、战略执行和环境适应三个部分。

企业战略决定企业发展方向和资源投入领域，掌握战略主动权，就掌握了引导企业发展的基本权限，是经营企业的控制模块。细分为十个细分控制项目：

### 一、企业战略控制能力

本项能力细分项，包括战略目标、战略制定、资源规划。

职能：战略控制能力体现企业经营者对企业战略的建立、影响、把握和支持等方面能力的成熟程度；

1. 战略目标

职能：企业战略目标包括五年、十年长期目标，三年中期目标和年度短期目标在内，是企业运营期望达成的预设效果，一般包含定性的描述，以及定量的关键评价指标在内。它是年度运营绩效的主要评判方式。

**战略目标包含十个管理细节及要点，分别是：**

**企业定位** 企业定位基本明确了企业特点、目标客户、发展方式和产品特色，是战略目标制定和执行的基本参考要素，直接影响战略目标甚至公司战略的制定和执行。应用书面方式明确描述企业定位。

**产品定位** 产品定位及产品结构，决定了产品销售的难度、获利能力和对市场需求的响应，是影响战略目标是否可以达成的关键条件，它还会影响产品的销售效率、资金调度和周转的速度。产品定位的文件化描述，有利于后续市场检验定位准确性。定位描述文件应包括参考依据、分析结论、适用条件、期望目标等。

**发展规划** 发展规划决定企业该如何实现长期的发展目标，是企业制定战略目标时必须关注的企业整体发展政策。明确、规范的企业发展规划，也为企业战略目标的制定提供框架、范围和明确的绩效关注重点。企业发展规划的研究判断，应形成规范的文件并存档管理，作为企业经营发展的检核依据，用于判断修正规划或改善运营。

**环境分析** 企业所处的市场环境、行业竞争环境、区位环境等的变化及发展趋势，必然影响企业战略目标的制定和达成。一个可执行的企业战略目标，必须充分考虑影响企业目标达成的各种环境因素，甚至包括人才供给环境等因素。环境分析报告应有固定格式，形成后应存档妥善管理，定期收集新的环境变化信息，并根据信息确定修正更新。

**目标分析** 目标分析将促使企业决策者，对所有影响企业战略目标的因素和内容进行权衡评价，分析包括企业战略目标制定和执行的依据条件、制定和决策过程、执行条件和目标修正监测条件、执行步骤、检验和评估目标达成程度的评判依据等，这些内容将是战略目标执行过程中的关键监测内容，以确保目标科学、可行、可达成。

**目标阐述**　企业战略目标制定好以后，需形成书面文件，以便于企业所有成员都能获知、理解和执行，同时应以不同的形式加以宣传，才能使目标要求深入人心，变成全员的行动指南及工作成效的评量标准。

**目标可行性**　企业战略目标制定好以后，需要进行量化，为目标是否达成选择合适的评价指标项目和指标值。评价指标项目是否与企业战略目标保持一致，指标值是否符合 SMART（具体、可测量、可达成、现实性、时限性）原则，指标值的达成、数据来源和执行推进是否具有可行性，都会大大影响达标的积极性及战略目标实现的可能性。战略目标可行性分析的项目、范围、方法、条件和评判标准等，应有明确规定作为参照。

**目标展开**　企业战略目标需要进行系统的分解，从而使各层级、各部门员工都能通过自己的日常行为，促进企业总体战略目标的达成。但目标展开需要一系列作业，包括确定战略目标是否达成的指标项目和指标值。该指标项目即指标值应与企业的绩效管理指标结合起来，以确保目标展开在一个可靠、系统的过程中被管理。

**资源分析**　战略目标的制定和实施，都需要必须的资源予以支持，包括人力资源、资金资源、信息资源、内部执行自持资源（政策和管理机制）等。资源支持是否有力将影响战略目标的有效达成。资源分析应有书面记录。

**目标评估**　战略目标执行过程是否符合预期方向，目标达成的过程评价、结果评判、规定周期的评估，都是对企业达标能力、获得效益、经营状态、战略方向执行等的反馈，评估将是非常重要的管理环节。评估结果应作为保密文件妥善管理，并作为下次评估时的参考信息之一。

2. 战略制定

职能:企业战略制定是一个复杂的过程，会对战略管理、战略执行产生很重要的影响。有效管理战略的制定过程，会给战略执行带来极大便利，既能避免战略思路的不断调整，也可有效防止战略不稳定带来运营风险。

**战略制定包含十个管理细节及要点，分别是：**

**制定的目标**　战略制定到何种程度，需达到何种效果或成果，首先需明确的目标，包括制定周期、过程要求、职责分配、资源消耗、最后成果等内容，以清晰判断战略制定工作的绩效。制定目标应有文件。

**制定流程**　战略制定是一个系统、复杂、内容广泛的综合管理活动，其制定过程各步骤中的职责、任务、要求等，都需要有明确、规范的操作规定。明确的流程可确保战略的可靠性、可执行性、及偏差控制力。

**职能与竞争战略**　企业战略制定后，如何制订各运营职能的经营运作战略；职能战略的制订及展开需要分析哪些因素，如何推动，都应制定出标准规则，以确保各战略要素能在职能层次上得到支持。竞争战略也是企业总体战略的一个体现领域，根据企业的发展战略和战略目标，如何展开竞争，或依据竞争需求及长期竞争优势的打造，需要企业制订怎样的战略，都应有具体规则来管理相互的关系。竞争战略的制订和实施应有规则。

**文件化过程** 战略制定的最终成果，包括职能战略展开、竞争战略执行等，都应形成一套完整的战略描述文件。战略描述文件的编制应有规定流程，以确保描述内容准确、各项要求和战略思考领域内容完整，且文件经过编制、审核、确认后，可供执行时参考。战略描述文件的形成过程，应按确定的流程实施。

**影响因素分析** 所有可能影响战略目标达成和执行过程的因素，都应被充分思考和分析，包括环境因素、竞争因素、内部执行力、资源等各要素。因素分析的项目、重点、目标、成果描述等，都应有明确的要求。

**资源调度** 战略制定时需要考虑哪些资源，如何调度这些资源、资源可调度程度、资源来源可靠性等，都应通过预先规定，使战略制定在考虑资源需求时，不会遗漏某个环节导致执行中的困难。

**调整条件** 战略制定时，应对战略在何种情况下进行调整，定出监测条件信息描述。调整条件确定后，应围绕条件领域设定监测指标，以准确判断调整需求，如资源充足程度、市场变化程度、战略执行进度等。

**评估标准** 战略制定时，应对参考的条件、各类信息价值度、制定后各项要求满足程度，以及战略执行时各项评判要求的评价等，都应制定出明确评估标准，包括评估项目、信息源、方法、数据、程序等。

**展开流程** 企业对战略制定过程、战略制定后的执行流程，都应做出明确的规定，使战略制定展开过程处于可控和责任、任务明确状态。同时，对战略制定完成后的战略展开的规范，也有助于评估和修正战略。

**方案确认** 战略制定完成后形成的文件，各类操作标准和流程等，都应经过确认方可考虑执行。确认的方法包括方案文件本身的评审、执行条件的核实、参考信息准确稽查等。确认后的方案应经过批准方可执行。

3. 资源规划

职能：企业战略制定时，所考虑的资源多处于静态信息的评价和判断，而执行时很多资源可能存在动态变化。因此企业的战略从规划、制定到执行，都应充分关注资源在不同阶段的规划，尤其资源对执行的支持。

**资源规划包含十个管理细节及要点，分别是：**

**资源管理** 企业应对各类影响营运和战略的资源进行分类，设定不同类别资源的管理职责。资源管理的规则、要求、项目、方式和必要的投入，都应有明确的规定。资源状态应随战略的推进而动态评价及修订。

**资源需求** 企业制定和执行战略时，应对资源的需求进行辨识和类别确认，使资源的组织和投入更易管理和获得回报。资源需求的管理，需策划规定的评价项目、责任和标准，确定该需求的真实性和必要性。

**资源要素分析** 企业应建立评估条件、标准和项目，评判战略执行所涉及的资源、与资源需求的一致性和可调度价值。资源要素包括来源、可靠性、使用价值、成本、耐用性等，资源要素分析使资源调度更准确。

**人力资源** 企业应建立战略人才库，作为企业战略推进的基本条件。战略人才库人力资源，可在日常营运时从内部培养；也可通过与人才中介机构保持联系，储备相应人才信息。企业对内部关键岗位人员培养、关键人才档案建立等措施，应纳入人力资源管理的日常事务，人才培养随战略推进同步且定期检讨成效。

**物力资源** 战略的推进和目标达成，离不开企业对各类物质资源的组织和调度。企业对有关战略推进的物资管理分类管理，涉及战略推进的物资变化与调度，应明确管控和沟通要求，确保将其变化及时告知决策层。

**财务资源** 财务资源应包括资金、可变现资产、筹融资渠道、战略伙伴及顾客与供应商等。这些资源应随战略推进，按稽核进行检查和评估，以确定资源提供对战略执行的支持度。各类财务资源管理职责应确定。

**可整合外部资源** 企业发展所需资源，随战略的推进会逐步提高需求，因此各涉及资源管理的职能部门，应按规定的要求，维护现有外部资源关系，并不断搜寻和评估新的可整合资源，确保满足企业的资源需求。

**待整合资源分析** 企业管理层应考虑建立有关资源规划与整合的沟通程序。企业高层通过各类商务活动获得的可利用资源，安排到各责任部门进行关系建立和维护。沟通程序可促使各责任部门，提交新挖掘的资源。一旦发现新的可利用资源，企业应以规范方式评估该项资源的价值、利用点、互惠点和利用方式。

**资源整合成本** 无论内部或外部资源，如果需要通过整合获得使用机会，以促进战略的顺利推进，应评价整合成本和使用成本。对资源整合的成本评估，可使战略执行的成本管理获得准确信息。整合成本项应清晰。

**资源价值管理** 资源规划时应考虑不同资源的价值，包括资源提供者的价值。价值管理包括培养、使用、评估、更新和调整使用方式等各项内容。资源价值管理是使企业在调整或制定新的战略时，能更有效地使用资源。

## 二、企业战略执行能力

本项能力细分项，包括执行成效管理、战略执行评估、战略执行基础状态。

职能:战略执行成效评估体现企业经营者对企业战略的执行、评估和推进等方面的能力成熟程度。

1. 执行成效管理

职能:应定期的评估企业战略执行的状态,以判断战略规划的推进情况。战略执行能力将决定企业战略目标达成程度。战略执行成效是对战略执行的反馈,对执行成效的保障和改善,是战略成功的关键一环。

**执行成效包含十个管理细节及要点,分别是:**

**执行规划** 战略制定后的执行,应进行规划后再部署推进。对战略执行的规划,应考虑推进阶段、职责分配、资源投入、阶段目标、关键任务和执行指标等事项。执行前的规划应编制文件,以此为基础进行宣传沟通。

**资源调度** 战略执行应考虑资源的预期安排,资金使用应按预算流程执行。如执行过程中,出现资源紧张需要补充或调整,则应按规定的申请批准程序执行资源的调度和调整。执行中的资源调度应有明确规则。

**战略部署** 战略执行时,应对部署作周密规划,各职能部门各自应完成的工作具体清晰,包括任务、目标、资源权限、成效评估、奖励激励措施等。战略部署作为战略规划的细分执行文件,应与各职能部门沟通。

**宣导贯彻** 战略规划和执行要求应被企业所有成员了解,所以应进行充分规划和展开必要的宣传。战略宣传、引导,有助于企业所有成员了解企业的目标和方向,也是激发士气的有效措施。贯彻过程应受评价。

**执行流程** 企业战略执行作为战略管理的一个环节,应有明确的流程规范执行推进步骤。流程应文件化，包括各步骤应执行任务、需达成的目标、职责分配、效果评价、工作记录和沟通等，都应有明确具体的规则。

**保障措施** 为确保战略目标达成，企业应制定周密的推进措施，包括目标达成措施、达标警示措施、检查纠偏措施、奖励激励措施等。各项措施所需的资源、执行责任和措施本身的评审、修正、纠偏等都应考虑。

**检核条件** 为评判战略的执行成效，企业在制定战略部署时，应同步设定各阶段、各特点状态的检查稽核条件。条件包括行业事件、政策变化、战略执行出现偏差、与规划目标差距较大等类似情况。检核条件应明确。

**阶段核查** 战略执行到规定的阶段，应进行阶段目标达成情况核查，以评估执行进度与预期安排目标的符合程度。对核查目标、重点任务、检核方法、使用工具、评判标准、人员职责等，都应作出规定。阶段检查的操作规范应有灵活度，作为阶段检查时针对具体情况做调整的空间，如对检查重点、目标、方法等作补充安排。

**执行成果** 战略成果应包括人才培养、企业战略目标达成、企业执行能力及竞争能力提高等方面。执行成果应通过评判后，方可作为执行成效的评价依据。执行成果应用书面方式表达，如形成执行评估报告。

**检讨纠偏** 执行规划与执行过程无法完全保持一致，因此应按规定的阶段和方法，进行战略执行的检讨，既可以判断执行成效与战略部署的一致性，也可发现执行偏差包括资源需求，及时进行修正完善、调整资源或者反思战略本身。检讨纠偏过程，应有明确规定，包括检讨项目、阶段、期望目标、人员责任和检讨步骤等。

2. 战略执行评估

职能:企业战略推进,需要制定系统的方法评价战略制定和执行。及时有效的评估,可使企业长远发展始终保持正确的方向,为企业营运提供经营指引。战略执行评估可发现企业战略的执行状态,并确保执行成效管理的各项目得到推进。战略评估应同时关注企业的内部变化和外部变化,这是企业适应外部环境变化的有效工具。

**战略执行评估包含十个管理细节及要点,分别是:**

**评估标准** 对战略评估的各个项目,设定明确的标准条件,使评估的参照标准客观可信。评估标准应包括量化指标和定性的特征描述两种。评估应涵盖战略管理的每个领域,如资源、环境、执行、战略本身等。

**评估资源投入** 执行战略评估需要一定的资源,如人员抽调、资金安排、场所等,必要时,还需外聘专业机构参与评估。对用于战略评估的资源投入,设定必要的使用规则,如外聘机构应考虑相关的成效考核。

**评估条件** 考虑到战略规划的长周期特点,企业还应为临时的战略评估设定评估条件。临时战略评估是企业战略适应企业内部和外部环境变化的途径。内部环境变化,如产品结构变化、人才队伍建设变化、经营方式变化等;外部环境变化,如遭遇自然灾害、行业性营运危机、政策法律环境巨变、产业链其他因素发生突变等。企业战略的执行状态也可作为评估条件。

**评估流程** 战略评估无论在何种情况下实施,都应按规定的流程完成,包括现象评判、信息收集、分析评价、决策、修正或调整、再执行等。评估流程应经过审批确认方可执行,包括工具、方法、要求等。

**决策权限** 企业战略管理涉及高层面的决策活动，但各层级在执行和反馈方面应拥有更大的自主权。所以，为有效管理应对决策权限进行分级设置，使各层级人员有效履行责任。决策范围包括资源调度、事项判断等。

**评估节点** 战略执行评估应分不同层级进行，涉及整个战略规划的评估、各职能部门执行状态的评估等。为此应设定必要的评估节点，如时间、条件、阶段或特定事件等。节点的设定应明确具体，确保相关人员都了解。

**信息管理** 为有效执行战略评估，应对各类信息妥善管理。涉及战略推进的信息和数据，应作出收集、处理和统计分析规定。信息管理应包括内部运营信息和外部各类宏观、微观信息。信息管理应明确责任。

**评估输入** 每项规定的战略评估行动，都应规定该评估需要的信息输入。输入信息和具体项目的确定，可在日常进行收集和汇总管理。具体评估行动开始时，应对输入信息进行审核确认，确保数据和信息的可靠性。

**评估后决策** 战略评估后，需要对当前状态、后续措施进行评价和决策，包括修正战略、调整措施和资源、修订指标、停止或重订战略、战略执行评价等。决策后应提出后续执行要求，并按照展开流程重新推动。

**评估后反馈** 战略评估后的另外一项行动是反馈。对当前执行状态的评价，应在企业相关部门和岗位间进行沟通。并要求各部门和各岗位，对评估后新措施的执行提供反馈信息，以判断评估决策的正确性。

3. 战略执行基础

职能：企业的战略执行需要具备一定的基础，战略制定时会考虑到这些基础条件,但执行时基础仍会随企业经营的内外部环境的变化而变化。对战略执行基础的管理,应包括储备、调度、调整和评价。

**战略执行基础包含十个管理细节及要点,分别是:**

**当前盈利能力** 企业在战略执行过程中对当前的产品结构、单品利润率和综合利润率、市场、成本、销售等趋势信息进行分析。其中盈利能力分析为战略推进所需的市场基础和资金周转提供支持。盈利能力分析应考虑销售趋势和成本控制水平。

**资源状况** 资源管理是一个动态过程。企业在战略制定时,应对自身拥有的可支持战略的资源进行分析和判断。战略推进过程中,也应不断收集有关资源变化的信息,确定持续的资源提供对战略推进的影响。

**产业地位** 企业所处行业在整个经济产业中的位置,对企业战略制定和实施有很大的影响。本行业在产业地图中的位置,及行业整体走向会影响企业战略成功。所在对行业的整体趋势,如上升、波动或下降等,企业都应关注。

**行业地位** 制定和推进企业战略时,应关注企业在行业中的位置或角色即领先者、跟随者或破坏者等。行业地位决定了企业在行业中的影响力,战略制定时角色不同,市场空间也不同,会影响战略的施展空间并限制成功。

**战略规划** 企业自身的视野、人才的储备、对战略的理解和规划能力,也会影响战略制定的水平。战略规划的智慧资源,会影响战略制定的可行性水平,也会影响对战略实现的各类因素考虑的周全性。必要时需借助外脑。

**信息占有** 企业制定战略时,对战略制定和执行的信息收集完整性,以及执行战略过程中对执行信息收集的完整性,都会影响到企业战略的准确执行。企业对信息的占有和收集，应做全面思考和定期检查状态。

**技术前瞻性** 企业的产品是市场和顾客接受企业的基础。围绕产品展开的技术研究的过程中，企业对市场、技术趋势的正确把握，将对企业在未来的生产技术投入、新产品开发、产品结构调整、市场占有率等战略性举措起决定性的作用。技术前瞻性的评估、确认和市场检验，将成为企业战略规划推进的监测来源之一。应妥善管理各类技术信息。

**核心能力** 企业的核心能力具有不可复制、不可模仿的系统性特点。核心能力的偏重性，会对战略推进产生影响，如技术领先、管理的系统性等不同侧重。核心能力的具备情况，应作为战略基础条件来考虑。

**市场影响力** 企业战略采用激进政策还是保守政策，应与营销和产品的市场影响力相适应。市场影响力的建立和维持，需要考虑战略推进时的市场支撑度。评估市场影响力应考虑品牌、顾客忠诚度、渠道/终端关系等。

**企业文化** 企业文化的建设情况、对员工的影响力、对市场和顾客的影响力等状态，应作为战略执行的基础条件加以考虑。文化的影响力的差异使企业战略沟通的成本和执行力有不同表现，进而对战略执行产生影响。

## 三、企业环境适应能力

本项能力细分项，包括愿景吻合度、战略意识、环境因素、竞争因素。

职能：环境适应能力体现企业战略对企业内部、外部环境变化的适应、调整、优化等方面的能力成熟程度。

1. 愿景吻合度

职能:企业战略的制定和推进,应与企业文化相适应,尤其与企业愿景目标保持高度一致。战略最根本目标在于企业愿景的实现,尽管是一个长期的过程,但通过战略的调整和持续推进,才能不断靠近愿景目标。如果战略目标和方向与愿景有偏离,会给文化建设与战略实施带来阻力。

**愿景吻合度包含十个管理细节及要点,分别是:**

**愿景清晰度** 企业文化中有关愿景的描述,应是清晰、具体且易于理解的。战略的制定和执行,可以从企业愿景描述中获得推进动力,促使全员聚焦于愿景实现与战略目标达成。企业愿景应通过宣传、标语张贴等方式让全员认知。

**长期规划** 企业战略规划与愿景描述的阶段安排应保持一致。战略制定可以考虑三年、五年的中期战略目标,或者十年的长期战略,但战略描述应对愿景实现的规划做必要说明,以使战略推进与文化实践结合起来。

**产业定位** 企业的持续发展也需要灵活应变。如果企业需要跨行业发展时,应对企业的发展定位及产业状态做出描述。愿景并不限定企业在某一个行业或某类产品上发展,而是通过持续调整实现价值理念。

**战略投资** 企业对战略的资源投入,不应仅考虑战略本身所需的投资,而应兼顾考虑对文化建设的投资。企业依托战略实现而推动文化建设和必要调整,既支持了战略措施的展开,也保持了文化与战略的互动与一致。

**愿景要素** 考虑到战略展开对企业文化的支持需求,愿景描述应尽可能完整,以避免企业文化本身存在薄弱点为战略展开埋下隐患。愿景要素,包括远景、达成条件、实现路径、行为要求、价值观要求等方面都应具备。

**愿景宣导效果**　企业需要关注发展愿景在全体人员中的影响,如果愿景认识不足或理解偏差,会给战略宣导带来潜在心理认知障碍。意识观念的偏差,则会使战略意图理解不到位,战略措施执行则受到影响。

**愿景支持度**　战略制定时应考虑愿景描述对战略展开的支持度,这类判断会为适度修正愿景,或调整战略描述提供参考。战略有效展开是企业全体人员的职责,希望获得全体人员的支持,应对愿景描述进行评估。

**价值观吻合度**　战略宣导时,应考虑用与全体人员价值观相吻合的方式展开。价值观的一致性,使各岗位人员对战略举措的判断趋于一致。这将有利于战略措施的推进,也使全体人员易于接受指标评估的考核方式。

**决策依据**　企业愿景和战略目标,应作为企业各级管理者做决策的关键依据。无论企业高级管理者考虑企业的整体发展,或者一线人员考虑改善措施的方案选择等,都应体现文化的要求和战略推进目标。

**战略伙伴关系**　为有效推进战略执行,应建立内部和外部的伙伴关系。企业应建立自己的影响力,无论规模或产品如何,应尽可能采取措施影响顾客和供应商,以自身文化和愿景作为基点,与顾客、供应商的伙伴关系的建立,将给企业营造战略执行的良好的外部供应链环境。

2. 战略意识

职能:企业战略推进和内外环境适应能力的体现,是对各层级人员的战略意识,以及对外部相关者对待企业的潜在需求的把握。战略意识不仅仅是强调对战略的了解和认识,更是对战略要求细化的持续影响。

**战略意识包含十个管理细节及要点，分别是：**

**经营规划** 年度经营规划应具体全面，不仅仅限于年度营业额或利润额，还应包括战略措施展开、人员培养、文化建设、成本控制、产品结构改善和质量提升等事项。经营规划完整有效，将使企业日常营运更显规范有序。

**投资者意识** 企业战略首先是体现投资者对未来的预期和要求，因此投资者应意识到战略规划、执行、评估等，对投资回报和营运风险的影响。投资者意识到战略督导的重要性，它是战略成功的必要条件。

**长期目标响应** 企业经营者、投资者都应密切关注企业营运活动状态，应紧盯战略目标的推进状况，以确保长期战略规划的目标得到持续推进。对长期目标的关注，可避免经营管理者出现短期行为，损害企业持续发展潜力。

**经营者意识** 企业经营者应对战略的讨论、制定过程和战略执行承担责任，作为企业资源调度和营运指挥者，经营者对战略意图的理解、措施推进动力和战略目标达成期望，会影响战略在企业日常营运中的推动。

**基层执行者意识** 战略成功离不开一线人员的努力工作，对一线人员和中基层执行者的培训、教育和意识提升，应采取系统、有针对性措施。基层执行者意识的良好状态，是战略措施得到彻底执行的有力保障。

**相关者意识运行** 企业的营运会对供应商、顾客（采购者、消费者和经销商等）、银行、当地政府、战略伙伴、员工亲属等相关方，都会带来或多或少的影响。除投资人、经营者外，企业营运还可提高相关者对企业的关注度和意识。相关者对企业的各项举措的关注，可使企业战略影响扩散到外围，营造大环境。

**内部沟通** 战略意识并不能快速地渗透到企业的方方面面，内部沟通时对战略要求、目标和措施推进的强化，将促使战略意识加快扩散，并对不正确的理解和看法及时纠正。内部沟通方法，包括会议、宣传栏等。

**信息反馈** 针对战略意识的沟通，应是双向的过程。企业应对各方对待战略展开的看法和反馈，进行细致全面的收集和管理。各相关方的信息反馈，将从侧面对战略的展开效果提供参考。对反馈的管理应有明确规定。

**计划检讨** 应制定年度计划，对战略意识的宣导加以管理。尤其是对相关方的战略沟通，需要较长周期。战略意识与观念的沟通，也是战略措施的一部分。企业应定期检讨战略沟通计划的执行情况和效果。

**配合度调整** 战略信息沟通的互动，应做必要的评价，以确定配合度信息对战略持续展开的影响。如分析结果认为影响较大时，应及时调整相关内容，如战略要求、推进方式、执行措施等，提高战略执行配合度。

3. 环境因素

职能：企业经营始终处于一定的大环境下，对企业外部环境的关注和适时调整内部策略，将提高企业对环境的适应能力。环境因素的考虑，应包括信息收集、内部传导、调整机制以及内外沟通方式等。

**环境因素包含十个管理细节及要点，分别是：**

**产业趋势** 企业对企业所处行业的长期发展趋势的掌握，可通过如采购咨询报告、参加研讨活动等方式，收集相应的趋势信息，使企业经营者始终保持对大趋势的敏感度。产业趋势会因新技术或其他条件而发生变化。

**市场环境** 企业对产品营销所面对的环境，如广告宣传、产品竞争、顾客需求、厂商矛盾等都应密切关注。市场环境还经常受到行业内产品质量事故、领导企业的策略调整等因素的影响，因此，市场情报的收集、整理、归纳应关注环境变化。

**导向依赖** 企业应根据自身的产品特点和销售模式，确定产品销售的导向性。国内销售和出口销售的要求和环境会有差异，企业应对导向依赖所凸显的特征进行有效管理，如政策、汇率等的变化对战略的影响。

**路径依赖** 企业因起步方式的不同，会产生发展路径依赖。如以市场销售方式起步的企业，对营销和顾客、市场很重视，而以技术起步的企业则对技术、产品很重视。路径依赖，使企业的营运出现市场影响力与内部管理基础的不平衡，这种不平衡很容易使战略的推进失去平衡，还会使非依赖方面的环境敏感度降低。

**技术适应性** 制造型企业始终需要提供符合顾客需求的产品，产品的技术成熟度及与顾客需求的适应性，会使顾客接受度受到影响。技术适应性是企业必须关注的一种环境，顾客的新需求、新的技术等都应纳入范围。

**顾客趋势** 无论工业品或消费品，都存在顾客对产品的使用感受。顾客对产品的体验要求、新技术要求、便利性或经济性要求等的变化趋势，会使企业过去的优势转眼变成劣势，因此收集和分析顾客趋势信息，是企业营运必须关注的外在因素。顾客需求变化无论来自顾客本身，或竞争者的引导，都会产生营运影响。

**环境风险** 当前全球的环境保护与绿色产品的浪潮，已深深影响企业的产品理念和经营方式。为此企业应密切关注环境监管对本企业产品和规模的要求，也应关注环境对同行业企业的影响导致的风险波动。

**供应商趋势** 零部件、原辅材料的供应商，在产品更新、技术提升、竞争加剧或其他发展趋势，也会对企业的战略推进及经营发生影响。对供应商趋势的把握，需要企业与供应商建立良好的互动甚至战略关系。

**政策依赖** 企业经营必然会受到国家或地方政策的影响。企业应分辨日常营运和战略展开，对那些政策有依赖倾向，或对那些政策的变化存在敏感度。政策依赖的辨识，使企业更好地利用和适应政策变化。

**法律法规** 当前国家法律法规在逐步完善，对企业行为的监督管理在逐步加强，因此企业应建立必要的程序，密切关注法律的变动对企业战略推进和营运的影响。

4. 竞争因素

职能：因竞争者的不同的影响力和来源，竞争因素也分为不同的类别和特征。企业应建立必要的信息收集和分析评价措施，对各类竞争因素的变化、影响、特征和适应方式加以评估，为企业制定适应措施及调整营运和战略措施提供参考。竞争因素的管理，包括信息收集、分析、决策、后续措施展开等。

**竞争因素包含十个管理细节及要点，分别是：**

**需求变化** 随着市场的成熟，顾客的选择方式和信息来源途径越来越多，企业的发展面临来自顾客议价和筛选的压力。无论工业品或者消费品，都必须充分评估来自顾客的变化因素。应充分关注需求跟随者、需求同步者和需求引导者的差异，建立持续信息收集和长周期统计分析规则，以掌握顾客的需求变化趋势。

**潜在竞争者** 新的同类产品提供者、供应商等，都是可能出现的竞争者，企业应对此提高警惕。针对各类潜在竞争者的趋势信息，应指定部门或岗位负责收集和分析信息。

**替代者趋势** 因产品功能的变化，有时可使不同类别的产品具备满足企业产品需求的功能，这些产品可同样满足需求因而成为替代者。企业应对类似可满足相近需求或具备功能的各类产品密切关注，这类产品经营者可能将产品的功能、性能延伸到企业的产品领域。这种创新性行动，会使原来制定的战略无法发挥作用。

**技术替代** 针对需求展开的各类技术研发，可能会促使一个不相干的产品，具有同样的满足需求的能力。因此，企业应定期收集各方面的技术信息，对可能出现的替代性技术加以跟踪，以使企业更好地适应新变化。技术替代的威胁程度，取决于企业战略的规划和当前产品的营销状态。

**新产品替代** 新产品的推出和原有产品的快速升级，会使原有产品的营销产生压力。无论新产品是来自企业自身研发或来自竞争者的研发，都会对当前在售产品造成影响，这种影响将对战略的推进产生障碍。

**响应能力** 企业对环境的适应和竞争因素的掌控，还依赖于企业对各类竞争行为的快速响应。如市场营销举措、产品替代、竞争者新产品等。响应能力，包括技术响应、影响行动响应和竞争因素变化的快速行动。

**竞争优势** 企业应建立固定的程序和方法，关注自身与竞争者的优劣势。为此，需要全面收集来自竞争者或潜在竞争者的各方面的信息和数据，包括经营信息、产品信息、技术信息、顾客接受度信息等。通过分析各类竞争信息，确定竞争者的优势和企业自身优势，为建立竞争优势和避开竞争优势的决策提供依据。

**核心竞争力** 企业为适应和影响竞争因素，应建立自己的竞争优势。可以在成本、技术实力、关注焦点、经营规模、市场影响力等方面，形成自身的独特优势。这种优势将使企业的应对变得相对轻松和从容。

**竞争策略** 企业的竞争策略制定，是战略执行的必要措施。策略的制定应关注战略的市场目标、竞争者特点、自身资源支撑度等信息。竞争策略的制定，应通过一个明确的流程完成，以确保策略符合整体要求。

**执行力强化** 良好的竞争策略和战略方案，需要企业强有力地正确执行。执行力强化需要企业持续的努力，并通过不断推动措施和建立激励机制加以实现。对执行力强化的展开，是战略措施推展的必要步骤。

## 第三节 制度诊断

企业管理营运第二个主流＋职能模块：职能模块下面分为文化设计、文化推动和文化执行三个部分。

企业文化是企业核心基础之一，优秀的企业文化，是支撑企业持续经营的基础职能模块。细分为十个细分控制项目：

### 一、企业文化设计能力

本项能力细分项。包括文化清晰度、文化制度化、要素完整性、发展持续性；

职能：文化设计能力体现企业对自身目标/价值观/理念等的理解实现等方面的能力成熟程度；

1. 文化清晰度

职能：需要对当前有关企业文化的要求、说明、执行等的清晰程度，做出判断，以确定文化的当前状态。文化清晰度的判断，应包括文件描述、宣传、执行等方面的状态。便于推动企业重新修整或审视企业文化。

**文化定位包含十个管理细节及要点，分别是：**

**经营者文化观念**　企业经营者对文化的理解、对企业中文化作用的理解，及价值观成型和理念的坚持与宣扬，是企业文化得以宣扬和实践的主要推动力量。经营者对文化的认同，需要企业形成学习制度。

**价值观清晰度**　企业价值观的表达、阐述、宣扬规则等，应明确、具体、简洁易懂。价值观的表达，应有成文的资料或宣传用语。价值观应成为企业影响员工意识的准则，清晰程度取决于企业宣导方式。

**宣导成效清晰度**　企业文化在不同岗位和层级，认识、实践等应该统一。对宣导成效应有明确的监测方式，企业应从员工行为、理念认知和工作实践等多个角度，建立成效评判规则和检验程序。

**文化制度清晰度**　有关文件管理的各项制度、规范、要求等，应具体、清晰、成系统，包括文化描述、制度文件化、实践行为要求和文化活动等。制度执行的程序、方式和检查过程、结果处理等都应有规定。

**仪式习俗成型度**　企业的各类仪式，如升降旗、庆典、年度常规活动等；内部的各类习俗，如人际关系、节假日福利、常用口头语等，都是文化体现形式。意识和习俗应形成相对稳定的规范，它反映文化影响力。

**理念描述清晰度**　企业理念，如品质、服务、内部行为、对外承诺等方面，应形成明确规范的表述方法。理念的表述，应从文件规定、行为实践、企业环境下的表现等方式，进行描述和宣扬。

**愿景描述清晰度** 企业愿景表达了企业使命、宗旨及企业哲学等广泛含义，也有企业将各内容分别表达。愿景所提及内容，应有多种方式清晰、具体地使员工认知和实践。清晰度包括讲述、理解、融入工作等。

**资源投入状态** 企业文化的宣传、引导，应有充分的资源投入和使用管理。资源投入状态，如专门责任岗位、活动费用、宣传和内部刊物等的建立，都会促使文化的宣传效果与员工的认知意识得到有效提高。

**执行状态清晰度** 文化在企业内的行为规范展开、执行检查和执行成效评判等，都有明确具体的措施。执行状态的清晰度可以得到有效督导，且确保执行成效。

**认知统一度** 企业的高层、中层、基层员工对文化的理解应该保持一致。对文化理解和实践的一致性，企业应有具体措施加以推动。

2. 文化制度化

职能：企业文化是一项经营性活动，有效地推动企业文化，应形成必要的制度，以规范员工的相关行为。部分非正式文化传播行为，也应通过制度化方式，规范其传播特性和导向性。

**文化制度化包含十个管理细节及要点，分别是：**

**文化规范描述** 企业文化应有明确具体的文件进行描述，且文件系统对各项文化要素阐述完整。规范的描述，有助于员工按统一的要求理解文化，实践相关的要求。

**文化行为制度化** 对企业文化的管理、宣传、检查、各类活动的操作方案等，都应有明确制度。

**仪式和习俗管理** 文化习俗，包括日常问候、管理行为、企业庆典、企业研讨、聚餐及业余活动等，都应有必要的规范，使文化在行为细节中得到宣传，达成潜移默化的影响。

**推行方式制度化** 企业文化也需要投入必要资源，进行内部和外部的推广，使更多人员认识文化价值、理解文化内涵，认同文化所要求的行为。文化推广方式应有不同的规则，对内与对外会有明显差异。

**企业标识阐述** 企业标识是企业文化的符号，也是企业品牌的符号。对符号的文化性阐释，会使简单的符号更好地代表企业核心价值和理念。符号便于识别和传播，标识阐述应完整、准确、简洁、具体。

**文化象征物阐述** 有些企业无论是在厂区或办公室显眼位置，都有明显的象征物。如果有文化象征物，则应加以阐述，使员工了解其象征意义。文化象征物也代表了企业文化的核心价值观。

**文化内涵阐述** 文化内涵，包括创新、团队导向、集体学习力、进取心、关注细节和结果导向等，需要根据企业自身特点及价值观，进行完整、细致、简洁、清晰的阐述，易于使员工理解并积极实践。

**结构管理文件化** 企业制定明确的文件，对物质文化、行为文化、制度文化和精神文化四个纬度进行管理。通过文件的应用和固化，便于更准确地理解文化要求，推荐文化实践。

**制度宣传执行** 文化制度的推进，同样需要沟通、宣传。文化制度如活动操作过程、仪式执行等，都应有相应的规范。

**制度检讨修订** 对文化落实所需执行的各项制度，应定期检讨和评审。通过对执行过程的信息的收集和分析，及时调整和修订文化阐述。检讨范围包括制度、文化阐述和执行方式等。

3. 要素完整性

职能：企业文化的结构应包括物质、行为、制度和精神四个方面；内涵要素应包括企业环境、价值观或企业哲学、精英人物或模范人物、习俗和仪式及文化网络五个方面。企业文化的管理或文件化阐述，应该清晰完整地表达这些要素，使其得到完整清晰的管理。

**要素完整性包含十个管理细节及要点，分别是：**

**文化结构描述**　企业文化结构包括：物质文化，如产品或服务、工作环境、生活环境、企业标志等；行为文化，如企业家行为、员工行为、人际关系、沟通方式等；制度文化，如组织制度、结构特点等，精神文化，如企业哲学、价值观、企业精神等。企业应对这些文化的结构要素中，可以阐述的部分进行明确的阐述。

**结构完整性检核**　企业的物质、行为、制度和精神四个文化纬度会互相影响，并形成文化体系。文化的描述和日常的企业营运实践应有明确规则或证明，完整表达出四个纬度的文化要求。

**文化要素描述**　为系统性地管理企业文化，企业对工作/生活环境、价值观、模范人物、仪式和习俗及文化网络等文化要素进行描述。文化要素描述使文化的理解与实践，有明确依据并了解其相互关系。

**内涵完整性检核**　企业应有明确措施检查内涵下的六要素，包括创新、团队导向、集体学习力、进取心、关注细节和结果导向。进行六要素完整性检查稽核，可确定文化描述和执行过程中的完整程度。

**要素提炼过程**　企业文化的要素提炼，不是简单地提出即可，而应通过一个严谨的程序实现。提炼过程包括目标、内涵、表述、结构、文件化等几个环节，且每个环节都应有讨论、沟通和传导过程。

**要素的内部沟通**　确定企业文化基本要素，应采取明确的方式进行内部沟通和宣传。评价员工对文化宣传的感知、认可、理解和实践等成效，是沟通结果与预定目标保持一致的必要手段。评价应明确规则。

**文件管理规范化** 有关文化的所有书面资料都应进行归集整理，形成规范文件，并按文件管理要求进行编码、受控、建立文件档案。应设定责任岗位负责管理企业文化相关文件和实践记录。

**要素导向性** 文化要素的描述，会对员工的行为规范和意识产生强大影响，对文化的导向性应有清晰表述，如鼓励创新、强调绩效、团结互助、注重细节等。文化的导向性应得到监测，以便于及时修正调整。

**要素执行度检验** 企业应制定必要的程序和要求，以评判文化要素在日常工作中的执行状态。检验的方式可以包括对各类违反规则的行为的记录统计，各级别员工建议和意见的汇总等。检验方法应具体清晰。

**阐述文字修饰** 企业文化不同于很多系统的制度，部分可执行规范应具体完整执行，但理念、愿景、企业精神等则应具备简洁、明了、易于理解的特点，因此应对文化的阐释文字作必要修饰。

4. 发展持续性

职能：企业文化应随着经营环境的变化、企业发展的阶段，作必要的修订和调整，使文化的核心部分以新的方式来阐述。文化发展的持续性应从制度修订、内涵的调整等方式使文化核心价值得到延续。企业应对文化的可持续性发展，制定必要的指导监测规则，定期审视文化适应性是有效方法。

**发展持续性包含十个管理细节及要点，分别是：**

**行为规范修订** 企业文化中对员工行为规范的修订，是持续提升员工行为、素质和意识的有效措施。行为规范的执行，应设定明确的程序、修订条件、修订操作岗位及沟通和再执行宣传的要求。

**执行制度修订** 随企业的发展和变化，企业的组织结构和支持组织结构运行的各类管理制度应随组织结构的调整，作必要的调整和修订。组织结构调整使企业更好地适应变化，制度修订则持续改善支撑度。

**文化内涵调整** 在企业不同的发展阶段，有关创新、团队导向、集体学习、进取心、细节及结果导向等内涵，也需要做必要的细微调整，既能保持文化的延续性，也能反映新形势下对文化的推进要求。

**鼓励创新** 当前经营环境下，创新已是企业应对竞争的有效途径。但创新存在失败的风险，对失败的低容忍度及低风险承受力会成为创新的负面影响。企业应对鼓励创新和营造创新氛围，提出明确的要求和规则。

**团队导向强化** 员工的活动是企业活动的基础，但员工活动应主要强调团队互动，而非仅以单个人的活动作为导向。为此企业可使文化要素更多地体现于对团队活动的鼓励，使团队成为企业的活动主体。

**整体学习力提升** 文化对企业整体学习的态度和引导性，会使员工更清晰地体会文化的影响。企业应建立明确规则，推动整体学习力的提高，学习力提升需要进行规划、监测、推动和修正。规则应具体明确。

**员工进取心** 进取心是企业活力的本原所在。如何激发员工的进取心，应该作为文化持续推进的重要领域。文化发展对进取心的推进、奖励、监测等，设定必要规则，如融入业余活动、参加社会活动等。

**结果与过程关注** 企业经营需要为股东和社会贡献价值，这使企业经营活动必须关注结果，但同时经营活动的过程的可靠与符合要求，会对结果符合预期要求产生很大影响。企业文化应对关注重点和方式进行具体引导。

**检讨使命的落实**　企业最终是通过利益获得、积累持续发展的资源，并逐渐向企业所确定的使命靠近。清晰、有号召力的企业使命，会使企业的凝聚力、吸引力更加突出。使命落实状态应作为文化检讨的要点。

**发展持续性检查**　企业应定期对文化内涵和结构下的各项纬度内容，进行持续性检查和评审，确定文化的，内容、要素、导向性等不断发展，使企业不断适应内外变化。检审的方式和程序应明确规定。

## 二、企业文化推动能力

本项能力细分项包括：对外传播、内部宣导、影响力营造。

职能：文化推动能力体现企业对文化的延展、刻意塑造、培养和运行等方面的能力成熟程度。

1. 对外传播

职能：企业文化的影响是全方位的，所有可以让外界了解企业文化的方式和途径都应加以关注，包括厂区文化宣传、象征物建立、对外商业行为、广告宣传、销售服务过程等。全方位的文化传播，使顾客、供应商、政府和员工家属等产生对企业的信赖，减少沟通成本并加强互动。

**对外传播包含十个管理细节及要点，分别是：**

**文化传播规划**　文化传播活动应进行整体规划，并对具体传播活动策划设定必要的规则。规划的要求，既包括资源投入、涉及范围、推进方式、表达形式等内容，也应包括传播效果的预期要求和检查措施。

**资源投入** 企业应为企业文化传播提供必要资源，包括人员、资金、场地、宣传用品、活动奖励等。应对资源投入的方式、申请审批程序和资源调度权限进行设定。

**传播行动计划** 企业对年度企业文化传播，制定明确具体的行动计划，使年度企业文化活动系统和可检查。具体的文化传播活动也应设定计划编写要求，包括活动要点、目标、参与方、资源投入等。

**传播绩效监测** 文化传播的预期要求，应建立必要的绩效目标和检核方式。绩效监测的职责分工、信息收集、分析和报告、沟通和改进等，都应有具体的要求和规则。

**相关方沟通** 企业文化的要求和理念，应采取针对性措施与不同的相关方沟通。相关方包括社会、员工、顾客、供应商、政府部门等；相关方沟通的效果，应会反映在相关方对企业的信任和赞誉方面。

**企业形象建设** 企业形象是企业的名片也是企业对内对外的首要印象，企业形象也会对企业品牌形象产生影响。企业应从着装、言行举止、宣传资料、产品包装、企业环境、装饰物等方面强化显示的企业形象。

**外在行为规范** 企业对员工的企业外行为、企业信息的对外发布、企业资料和信息等应进行必要的规范，如仪表、规范用语等。对于高级管理者的正式发言应作必要规范、加以管理，如在危机事件中、特殊市场环境等条件下的发言内容、程序、媒体选择等。企业高级管理者的言行会对企业的形象带来负面影响。

**传播方式管理** 企业文化的传播并不同于企业品牌的传播和产品广告，虽然可以互相借力，但应关注文化传播的特定要求。企业应对涉及文化的传播方式进行管理，包括媒体、社会活动、慈善捐赠等。

**文化建设交流** 企业应有开阔的眼界，安排相关人员参与外界交流和学习，包括参加各种类别的培训活动。文化建设的交流，可为企业传播自身吸收其他企业的优点提供便利和搭建通道。

**传播绩效检讨** 企业对文化的传播绩效建立监测检讨规则，包括收集传播过程中正面或负面信息、观察绩效状态、统计各类传播绩效数据。传播绩效的检讨，可使企业及时了解传播方式的修订和调整需求。

2. 内部宣导

职能：企业文化起着建立企业共同行为规范、提高员工凝聚力、聚焦全员注意力于企业使命的达成上，因此，内部的宣传和引导是企业文化理念得以贯彻、行为得以规范的有效手段。企业对内部宣导应建立长期的持续措施，有节奏地展开内部宣导，使全员都融入企业整体氛围，减少内部沟通成本。

**内部宣导包含十个管理细节及要点，分别是：**

**内部宣导规划** 企业文化对内部宣导，应根据传播规划进行规划设计。内部宣导规划设计需要考虑当年的经营重点、员工素质和结构、管理层要求和企业的阶段性特点等。宣导规划应形成规范的文件。

**资源投入** 企业应为内部文化宣导，确定具体的资源投入安排，包括人员、年度活动经费等。内部宣导的资源投入，应在年度文化活动计划内有清晰具体的确定要求，包括提供、调度、来源等。

**文化建设职责** 企业文化建设的职责安排，应具体到相关岗位，包括文化建设的方针、目标、主要途径、阶段性安排等文化建设职责应作为承担职责岗位的具体要求，职责履行情况应明确检查和督导行动。

**员工行为规范** 企业根据文化要求，建立明确的员工行为规范。行为规范的制定、要求的执行和规范文件的管理，都应有明确规则。员工日常行为规范的督导，是管理者必须履行的责任。

**模范人物事迹** 企业应制定模范人物的评价标准、奖励规则、评选过程及事迹宣扬互动计划等，建立相应的操作规范。模范人物起到行为标准和精神凝聚力作用，对模范人物事迹的宣扬，是文化渗透的有效方式。

**共同目标和责任** 企业应尽可能通过内部沟通和宣传，强化员工对企业共同目标的认同，在确认共同目标前提下，推动对共同责任的认知。共同目标和责任，使企业全体人员都能了解企业绩效方向、认识自身责任。

**建立共同危机感** 企业经营时刻面对各种压力，而细节会给责任意识带来麻烦。要避免来自内部的风险，企业应尽力推动文化的危机感认知，使员工清楚了解自身操作对企业的潜在风险，带动责任意识强化。

**企业文化活动** 为更好地展开企业文化的推广，企业需要投入必要资源对企业硬件和相关设施进行建设和维护。文化活动设施应考虑到员工业余文化活动的需要，企业应根据自身的规模和特点来安排适应的软硬件设施。

**宣导效果监测** 企业对企业文化的宣传效果进行跟踪和检查，通过规划时所设定的监测要求、指标和项目，收集和分析活动安排、传播和调查的各项信息。效果监测方式和监测结果运行，应建立明确规则。

**周期检查和检讨** 企业定期检查企业文化建设成就，检讨行动策略、执行措施和影响力状态。通过检查和检讨，确定宣导效果及持续改进的方向和重点。周期检讨的方式、程序和要点，应进行明确规定。

3. 影响力营造

职能:企业文化对企业经营和市场竞争都有着积极作用,企业应对文化的竞争力促进制定必要的策略,以提高员工士气、强化企业竞争力。文化是品牌的内涵,文化和品牌是顾客长期信任的标记,企业文化的影响力营造有助于企业竞争环境的改善和竞争力的提高。

**影响力营造包含十个管理细节及要点,分别是:**

**影响力推动策略** 企业文化对工作关系、员工行为、营销活动等各个环节,都会产生导向性影响。企业应制定影响力营造的规划,确定影响目标、影响范围、营造方式和关键行动等。

**言行规范化推动** 企业员工来自不同的环境,各自都有自己的特点和言行习惯。企业应通过规范言行,逐步影响员工的言行习惯,使员工的言行习惯与文化要求保持一致性。言行规范方式包括仪式的遵守和习俗影响。

**整体素质提升** 企业应制定策略,通过企业文化的宣贯活动,促进全体员工素质意识的提升。素质提升方式,包括设计特定的仪式、学习社会和企业的模范行为、建立学习型组织或学习与成长规则、对学习和素质提升行为给予鼓励促进等。素质提升是企业文化发挥作用的重要领域,需要企业规划行动评价效果。

**集体意识** 企业积极组织团队建设,包括企业整体的团队氛围、各职能部门的团队意识、跨部门工作的虚拟团队等。集体意识有助于使员工更多地关注他人和给予协作与配合,使工作展开更富有效率。

**一致价值观** 影响力发挥作用,使全体员工能以统一的价值观判断企业行为、企业内的员工行为和管理要求。对价值观的宣贯,需要通过活跃的方式进行,企业应对价值观宣导设定必要的行为矫正规则。

**激励因素挖掘** 企业文化中，有很多方式可以鼓励员工采取符合价值观的行动。同样，对员工的行动，可以从企业文化的激励因素角度挖掘表达方式和阐述内涵，使员工行动向更符合文化要求的标准靠拢。

**文化辐射力推动** 企业文化在内部的影响力营造，也应考虑如何更好地对外辐射，使更多人受到影响和感染，并借助他们进行更广泛的传播。如员工家属、业务合作对象、社会活动、慈善捐赠行动等。对文化辐射力的推动，应制定规则和规定资源调度权限，使辐射力产生更明显的品牌推动和文化影响效应。

**识别系统传播** 企业品牌的识别系统也是文化的承载体，因此企业对文化的传播应统筹考虑。识别系统的传播可以采用更为灵活动方式，使文化传播、品牌传播相互促进。对于传播方式的结合，应有规则。

**文化个性彰显** 企业文化的个性是彰显企业个性的基础，也是主要方式。企业应对高级管理者言行、员工言行的文化个性因素发挥，设立必要的引导规则。企业应关注个性彰显的负面影响，有效管理风险。

**营造效果评估** 企业文化影响力的营造规划执行到规定的阶段或状态时，应按规定的方式进行评估，以确定前期的投入与预期目标的一致程度，并确定下阶段的营造方式调整与修订需求。评估方式和程序应有规则。

## 三、企业文化执行能力

本项能力细分项包括：文化延伸性、企业氛围营造、行为准则执行。

职能:文化执行能力体现企业文化对人的影响、持续保持和长期维护等方面的能力成熟程度。

1. 文化延伸性

职能:企业文化应在企业多项职能活动中得到延伸和体现,以凸显文化对该职能行为的支持。文化的延伸使员工更好地理解自身行为规则,理解并执行企业哲学、实践企业使命、弘扬企业精神。

**文化延伸性包含十个管理细节及要点,分别是:**

**延伸方式规划** 企业应考虑不同职能管理活动的特殊性,在企业文化下面,逐步形成一些与职能特点相适应的亚文化,使企业文化更好地与具体职能工作结合。但亚文化应充分展示企业文化的特点。无论是向更细节的地方延伸,或向企业外更广范围的延伸都应确定延伸方式。延伸方式的规则应考虑延伸目标。

**创新包容性** 企业文化应对文化本身的创新、员工行为的创新、管理模式创新的包容性进行评估和管理,以确定当前企业文化对企业创新活力的支持度。评估方法和程序应有明确规则。

**营销中的延伸** 营销活动的主体是促进产品销售,但对文化和品牌的同步传播更容易获得顾客的信赖和加快交易过程。所以,营销活动中要做好文化理念、价值观的传播,应兼顾策划及管理传播过程。

**文化变革管理** 文化并不能一成不变,随着企业经营的成长和环境的变化,尤其在遇到困难或面临成长危机时,企业需要对文化作必要调整,以推动全体员工努力行动以实现企业目标。文化变革是一项系统工程,企业应在变革前,对文化变革的风险和进程管控方式,做好规划和设定,以确保变革成功。

**供应商关系** 企业建立与供应商的关系,应着眼于长期合作和结成战略伙伴。为此应在选择和评价供应商时,以文化的要求和准则评判供应商的管理理念和文化相容性，以确保供应商能理解企业的品质要求。

**员工行为约束** 企业文化的有效执行，会成为员工自觉约束自己的基本准则。为此，企业应对违反文化的行为加以管制，并采取针对性措施推进文化对员工行为的影响。

**延伸要求执行** 文化延伸需要满足如资源、预期效果、可行性、规划和执行等方面的基本要求。企业应规定文化进行延伸时，必须明确规定项目的要求，以便于后续的检查和督导。

**延伸效果检查** 文化延伸的推进，应按规划的方式和延伸计划的要求进行效果检查和评判，以确定延伸符合企业要求，并得到预期绩效。效果检查可以对延伸决策、延伸规划、执行和反馈等环节进行检讨。

**延伸措施优化** 文化延伸需要采取有效措施进行推动。文化延伸的效果检查，应作为延伸措施优化、调整的基础。延伸措施优化操作的过程和相关要求应得到明确规定。

**延伸作用评估** 文化延伸希望在目标领域获得相应的效应，在延伸计划执行结束或按规定的阶段，应对文化延伸对产品销售拉动、人的言行素养提升、精神和价值观传导等的作用进行评估，以评价延伸决策的价值。

2. 企业氛围营造

职能：企业通过宣传经营哲学、企业使命、企业精神，获得全员对价值观和行为准则的理解；宣传经营理念、文化要求和行为规则，使全员准确执行文化要求。通过展开一系列文化活动，营造企业和谐的工作氛围、生活氛围和人际关系。

**企业氛围营造包含十个管理细节及要点，分别是：**

**年度建设规划** 企业应安排年度企业文化建设行动，文化建设方式、目标及活动展开，都应经过规划、资源和现状分析、计划、评审和批准等过程，使规划成为年度企业管理活动的正式管理文件。

**资源需求预案** 企业活动对各项资源的需求，应进行充分调查和评价。预案作为年度建设的调度依据，如营销活动的文化传播、品牌营销的价值展现、企业内部活动开展的资源预测。调度方式应明确规定。

**文化活动计划** 企业文化活动的策划、组织、实施和活动结束后的评价等，都应形成明确的规则和流程。文化活动计划的制定、实施和检核，都有具体的职能和责任承担规则及操作方式。

**活动管理规则** 针对每年都会重复进行的仪式、习俗和活动，企业应编制的规定程序和管理规则，以使活动规则固化和形成标准操作规范。企业应对管理规则的执行、绩效目的达成等进行定期评估和改进。

**活动组织过程** 企业氛围的营造，通过一个一个的活动逐步展开和渗透。活动组织过程的各项工作任务，应有明确的操作要求，包括计划的、临时的和每年都会重复进行的。组织过程应有明确规则。

**活动效果检查** 企业应分配职责到岗位人员，按活动策划的效果目标和项目进行效果检查评估。检查评估，可以提高企业文化活动组织能力，提高操作效率和控制成本能力，并逐步得到强化。

**厂区视觉氛围** 企业文化的体现可借助多种形式，如充分利用厂区、办公区等可展示信息的空间，张贴各类标语、小故事等，以视觉冲击和文字表述营造文化氛围。

**人际工作氛围** 人际关系包括横向的协作关系和纵向的配

合关系，应是文化氛围营造的必须内容。人际关系的提升，使包括文化沟通、情感共鸣、员工满意度及职业需求满足等方面得到强化。

**工作关系提升** 借助企业文化所营造的氛围，各级管理者有责任改善和提升原有的工作关系，包括团队精神、协作精神、成本意识、责任意识等。工作关系的提升将带来生产力的提高。

**年度成果总结** 每个经营年度结束时，企业应按规定的方式、程序、要求等进行年度文化建设成果总结。总结所需采用的信息、数据和分析报告，以及总结后应该采取的行动等，都应有明确规定。

3. 行为准则执行

职能：企业根据文化宣传和行为规范要求，建立员工行为准则。行为准则可对企业家、模范人物和普通员工形成对应的规范要求，使企业员工了解自身行为规则和要求。行为准则的执行是企业文化具体的执行方式之一，是管理企业文化执行的有效方法。

**行为准则执行包含十个管理细节及要点，分别是：**

**行为准则分类** 企业的员工行为有多种特征，包括工作中的行为，如业务操作行为、工作沟通方式、工作习惯和工作意识等；非工作中的行为，如言语习惯、家庭影响、工作之余的活动等。

**行为要求制度化** 企业应根据不同的行为特点，设定不同的管理要求、检查项目和评判标准。行为准则的分类应与企业的规模和特点相适应，对各类别行为的内容、管制目的、检查和奖励等加以明确。

**准则沟通和建立** 在行为准则的申请阶段、文件编制阶段、审核批准阶段、发布实施阶段，企业都应保持与员工的必要的沟通。建立沟通程序，可使员工参与到行为准则的建立过程，使后续的实施更顺利。

**行为准则批准** 行为准则的实施需要投入必要的资源，而执行准则会使员工以往行为习惯发生改变。行为准则的审核和批准过程，可以使企业高级管理人员了解具体要求，并积极支持准则和要求的推行。

**准则宣传和推动** 企业需要调动各种方法对行为准则进行宣传。企业对推动行为准则的方式应有制度规定，或行为准则本身就规定了如何执行及执行后的奖励、处分标准。宣传和推动行动应得到监测和督导。

**执行成效监测** 行为准则执行状态和预期效果的达成，需要进行规定的检查。监测方式包括收集员工执行过程中的反馈和投诉，及对员工满意度的调查等。成效监测应形成书面报告，提交和审阅后存档。

**沟通和反馈** 执行过程中，企业文化建设职责部门和责任岗位之间应进行必要的沟通，通过调查或单独交流的方式，了解全体员工对行为准则的看法和建议。也应建立并公布明确的反馈信息的接受和处理程序。

**行为准则修正** 经过对反馈或投诉的收集和分析，及按年度进行的行为准则评审，确定何处及如何进行准则修订或调整。行为准则的修正，还应考虑内部变化、外部环境及企业策略的调整。修正条件应规定。

**准则适用性评估** 企业应设定明确的周期，评估行为准则的可用程度，结合修正条件判断准则的执行状态。适用性评估，可使企业通过不断调整规则和制度，引导员工行为实现文化的导向目标。

**年度员工素质评价** 年度结束时，应对照年度文化推进规划、行为准则执行评估等，对员工素质变化、企业整体素质提升及团队导向改善等方面进行评价。素质评价是文化调整或变革的基础条件之一。

## 第四节 标准诊断

企业标准分为工艺标准、岗位标准、点检标准等。本书重点谈的是诊断是企业人力资源管理一般职能标准。

职能模块下面分为基础管理、人才培养和效益展现三个部分；人力资源是企业的战略性资源之一，综合素质及可调度性，是对企业经营运作影响的基础性职能模块。细分为十个细分控制项目：

### 一、人力资源基础管理能力

本项能力细分项，包括组织结构、基础人事管理、保险福利。

职能：基础管理能力体现企业对劳动合同、员工档案、福利关注等的管理和维护等方面的能力成熟程度。

1. 组织结构

职能：组织结构决定了企业的管理运行架构，确定各部门和岗位在组织运行中的位置和职能。组织结构的设置，应考虑管理下属的合理宽度、合理层级、工作沟通的最便捷路径。组织结构与企业的规模和经营特点相适应，以避免浪费资源和损失效率。

**组织结构包含十个管理细节及要点，分别是：**

**组织结构稳定性** 企业的组织结构是企业管理运营的基础，如果结构调整将涉及职责分配、工作流程、工作关系等的变化。企业组织结构保持稳定，有助于部门和岗位职责履行的稳定性和工作任务的连续性。无特殊事件，企业应保持一个财务年度的稳定性，以保障下年度各工作职责的连续性。

**部门职责冲突**　企业部门间职责的清晰分配，有利于责任与岗位保持对应关系。职责冲突，包括职能重叠、事务无责任部门和人为职责范围扩大/缩小三种情况。企业对职能重叠出现的多头管理、事务无责任部门的互相推诿和人为管理职责扩大/缩小无序，设定明确规则，以使各职能得到正确、有效地履行。

**工作关系**　组织结构规定了员工在企业运作的位置，明确了人员的工作关系。组织结构下的汇报、指导、协作关系，应与职责和岗位职能相适应。企业应收集和处理职责履行信息，以持续优化工作关系。

**职责说明**　企业应对部门职责、岗位职责有明确的文件规定，一般以职责说明书的方式（部门职责说明、岗位或职务说明书）加以明确。为便于员工工作展开和评价，职责说明书应形成明确的规范文件。

**管理宽度**　一般的公认理论下，合理管理幅度为每名管理者管理6～8位直接下属，下属过多会影响管理者的精力和时间分配，工作容易发生疏漏；过少又会使管理者工作量不饱和，影响整体工作效益。下属管理的宽度与个人工作能力有直接关系，但合理的宽度会使综合效益得到提升。企业根据合理的宽度来设置管理层级。组织结构的宽度与层级，应体现在明确公布并正式执行的组织结构图中。

**能力评价标准**　围绕部门和岗位职责履行，企业应明确不同部门和岗位的能力要求。一般在职责说明内，有能力要求和职责、工作内容等信息，但应建立岗位胜任能力评价标准，以便于招聘和绩效评估。

**工作流说明**　组织结构确定后，企业应对基本工作流进行说明，以使员工清晰地了解工作任务获得和报告的基本程序。应说明的工作流，至少包括直接领导和报告关系、横向协作关系、工作考核评价关系等。

**工作合理路径**　企业应考虑组织结构下的工作流转路径，应以最简捷合理的路径确定工作流转方式和流转责任。应避免工作流转的往返或重复处理，如果两个部门直接沟通可以处理，就不必经过第三个部门或岗位流转。为提高工作路径的合理性，应规定工作冲突信息的收集、分析和处置要求。

**结构调整条件**　企业应为组织结构的调整、变化设定必要条件，以判断组织结构的调整符合运营最优化。设定的条件包括成本/效益变化、内外部环境变化、工作流转信息处理统计分析等监测项。

**结构评估**　企业每年应对各部门和各岗位职责的履行情况、企业经营的内外部环境变化、新年度运营目标及战略规划等进行评价和分析，评审组织结构调整必要性，包括部门的合并、分立、新增等。组织结构评估的记录应妥善存档管理，如调整，则相应的文件也要做必要修订和调整。

2. 基础人事管理

职能：基础人事管理，包括人事合同、工作档案、工作评价等。基础人事管理应安排专门岗位承担相关职责，建立专门档案加以管理，有关人事关系的政府沟通、相关事务处理也应由该岗位处理。

**基础人事管理包含十个管理细节及要点，分别是：**

**人事管理规则**　企业应制定明确的基本人事管理规则，使人事工作规范有序无遗漏。明确的人事管理规则，可使员工了解企业的管理基础和基本要求。良好的基础人事管理规则，也是员工工作信心的保障。

**劳动合同** 企业的劳动合同应符合国家及地方的法律规定，劳动合同的内容应同时考虑双方利益和要求。无论是集体合同或是单独签订的合同，劳动合同应覆盖企业的所有人员。企业劳动合同文本管理应有明确的规定。

**人事档案** 企业应为员工建立档案，包括基本的人事资料如简历、劳动合同、证件复印件、个人其他资讯文件。个人在工作中获得的表彰奖励、培训记录和证书，以及处分记录等信息，都应纳入档案管理。档案管理应确保完整、易于查阅检索，企业对个人信息应保密。

**工作调动** 企业对员工的调动，包括调出、录用、内部调换，如需调动个人档案，包括户口迁动等，应制定出明确的管理标准。对调动中发生的档案流转、户口和工作关系迁动等，也应做出明确规定。

**政府沟通** 员工工作安排若涉及政府部门，如劳动保护、人事户口、生产安全监督等，都应安排专门岗位进行。政府沟通内容包括政府监督管理事项、企业报告事项和事务办理等。

**工作信息** 员工在企业工作期间的各种奖励、培训、岗位调整、违纪行为等信息，应做好完整记录，并作为档案信息之一妥善管理。企业对工作信息收集、管理、运行等，定出明确的管理要求，且确保全体员工都了解。

**工作评价** 员工试用期满、离职或者达到规定的工作周期，应进行必要的工作评价。工作评价作为员工行为状况的记录，人力资源部门应制定不同岗位的工作评价项目、范围、标准和方法。工作评价的部分内容可以和工作考核、绩效评估等工作结合起来进行，但记录应作为档案信息加以保管。

**工作记录** 基础人事工作涉及每个员工的基础信息，承担相关工作的员工应具备保密意识和信息敏感度，对各类工作的进程或结果及时保留相关记录。基础人事的工作记录应有较长的保留期。

**员工关系和流动** 企业无法完全避免人事纠纷，对内部处理的人事纠纷、劳动纠纷仲裁、与员工有关的法律诉讼等，企业应做出纠纷处理的明确流程和规则。各类纠纷处理，需准备的资料和应对方式也应明确规定。人事纠纷与员工关系恶化，将导致员工的不合理流动，为此企业应制定有效规则分析和管理员工流动，避免非正常流动引起工作质量的波动，进而影响企业的工作效率和成本变化。

**员工结构分析** 基础人事工作应定期检讨和评判，使基础人事工作的执行和管理能更好地支持其他人力资源管理工作。基础人事工作所造成的失误或偏差，应作为管理改善的重要信息来源之一。员工结构状态的变化，应是检讨评判的关键输入信息，有利于企业通过持续改善员工结构，提高基础管理工作的效率。

3. 保险福利

职能：保险福利是员工基本保障，也是促使员工努力工作或设定激励措施的有效举措。企业对保险福利的安排，应分基本保障和激励分配两种，分别制定适用标准和给付标准。

**保险福利包含十个测评项及要点，分别是：**

**分类管理** 企业对员工的各类保险、福利、补贴、假期福利等，应制定不同的标准、获得条件和基本要求。基本保险福利应符合国家和地方法律法规政策规定标准。分类管理可以使员工清晰了解企业的福利政策。

**保障标准** 根据岗位、部门和工作性质的不同，企业设定的保障标准应有所差异。用于工作特点下安排的福利，如差旅标准、交通意外保险等，应与岗位的危险程度相适应。

**政策符合度** 企业应切合政府要求，安排相关福利给付，包括地区最低基本工资、商业保险、劳动综合保险、养老保险、医疗保险、失业保险等的给付标准。薪资给付应考虑国家及地方规定的个人所得税缴纳。

**福利政策** 企业应明确给付员工各种福利的政策，在考虑额外的福利给付时，应考虑国家对个人收入税收的缴纳规定。部分岗位的特殊要求也应明确规定，如竞业禁止补贴、保密补贴、培训补贴等。

**激励条件** 用于激励的保险福利，应分别设定不同激励目标下的标准和给付条件。激励性福利政策，可调动员工积极性，但应明确且具有持续性和稳定性。如培训补贴、岗位差别待遇等。

**必要保障** 企业为特殊操作的员工考虑必要的保障，如易发工伤、身体伤害、潜在健康影响及高危/带电作业、长期差旅（特别是航空旅行）等。必要保障应与可能涉及的风险相适应，商业保险是有效途径。

**差别待遇** 对于特别岗位或有额外要求的岗位，企业可以设定差别待遇，如高级管理人才、专门技术人才、关键员工等。差别待遇及相应的福利给付，应有明确的规定或标准，也可以作为劳动合同内容。

**福利调整** 企业调整福利待遇，应通过定期评审福利标准和员工工作绩效，以确定福利给付标准的调整幅度。福利调整应设定必要的条件和标准，以使员工都了解如何获得更好的福利待遇。

**福利责任** 企业除基础保险福利外，额外给付的保险福利或用于激励的福利给付，应向员工明确享有福利应承担的责任。责任包括服务期承诺、合同责任、离职后责任等。

**政策调整** 企业应定期评价福利政策的适用性,尤其新的法律政策公布、特别管理政策出台、需要差别对待以吸引人才等。福利政策调整的条件和范围、标准、权限等都应有明确规定。

## 二、人才培养能力

本项能力细分项包括:招聘管理、培训体系、考核体系、职业规划。

职能:人才培养能力体现企业对员工的工作适应、职业关注、培养和成长等方面的能力成熟程度。

1. 招聘管理

职能:企业的人员招聘,决定企业所聘用人员的水平、能力和未来的岗位绩效。企业招聘需要从岗位价值和需求开始,到人员顺利渡过试用期,其间需要关注的工作包括面试、考核、绩效等范围。

**招聘管理包含十个管理细节及要点,分别是:**

**岗位分析** 企业应从岗位重要性、可替代性、贡献度等方面,结合其他评判条件做出岗位分析,以此作为人员能力要求、薪资安排和职位说明的基础。岗位分析应根据企业自身特点有明确规则和要求。

**职责说明书** 企业对部门的职能、任务、目标和工作范围,做明确的书面规定,以确定部门人员工作重点和范围。对岗位职责、任务、工作权限范围等做明确的书面规定,以指导员工有效完成任务。

**招聘流程** 企业应建立一个具体清晰的流程,使各用人部门提出需求和配合招聘时,明确不同环节的配合工作,使招聘效率和准确度大大提高。招聘流程应明确步骤、各步骤要求和相应的记录工具要求。

**评判标准** 企业应为不同人员在筛选、面试、上岗和通过试用期等环节，建立人员能力与岗位需求符合性评判标准。该标准使人事部门和用人部门都可客观具体地评价人员能力，提高筛选效率。

**招聘信息** 用人部门提供的招聘需求信息，人事部门负责招聘的岗位应加以核对，以确保符合实际需求。企业向外发布聘用信息，应经过部门主管审核确认。招聘信息的内容、项目及审批确认等应有明确要求。

**应聘者筛选** 在应聘者简历筛选、面试和上岗试用三个环节，企业应对筛选的要求、筛选中各部门应配合的责任做出具体规定。明确的筛选责任分配与工作配合，可避免出现职责推诿现象或成为绩效不佳的借口。

**内部沟通** 招聘过程也是人事部门与用人部门不断沟通和交流的过程。对应聘者的看法、岗位需求、能力要求等方面，通过交流沟通使人事部门理解和明确用人部门的要求。用人部门与人事部门的工作协作和沟通很关键，沟通方式包括内部沟通或参与招聘的某些环节。

**岗前培训** 企业应要求相关部门和岗位的管理者协助编制上岗前的培训资料，配合安排和执行岗前培训。岗前培训内容包括企业基本管理要求、岗位工作任务、目标要求、各种工作意识等，岗前培训应有记录和考评。

**上岗跟踪** 人事部门对新聘人员上岗后的工作状态进行跟踪，应制定跟踪要求如项目、预定目标、方式等。根据岗位特点，新聘人员上岗应制定具体的跟踪计划，跟踪计划执行情况记录应作为档案保管。

**招聘管理改进** 企业应定期总结招聘工作,至少每年进行一次。招聘工作的总结、工作完成情况统计分析等,应制定明确的程序和内容要求。招聘管理总结可作为下一年度招聘规划的基础资讯。

2. 培训体系

职能:企业培训体系的建设,可从侧面反映对员工培养的重视程度和方法。培训体系设计计划、资源投入、能力评估、培训绩效管理等都是企业应该关注的内容。

**培训体系包含十个管理细节及要点,分别是:**

**培训体系规划** 企业应要求人力资源部门对培训运行体系做系统规划,包括课程体系、评估方法、展开流程、资源管理、培训绩效等。体系规划应有明确的规定,经过审核确认、批准后,规划作为正式文件进行管理。

**培训计划** 培训计划分周期计划和实施计划,周期计划包括年度、季度、月度计划,作为培训展开实施的时间安排。实施计划则是一次培训的展开过程安排。周期培训计划尤其年度计划,应考虑年度企业经营重点、绩效目标、不同岗位/层级人员培训需求、年度阶段运营任务规划等信息。计划编制方法和过程应有规定。

**资源投入** 企业对培训计划的实施、人员培养规划的展开,应投入充分资源。资源投入应根据企业自身能力安排,包括企业外部资源、企业内部资源等。

**培训责任** 培训工作涉及各部门和岗位,管理者应承担岗位工作和操作实践的指导责任;各部门主要管理者应承担本部门人员培训培养的责任;人力资源管理部门承担协调、推动和实施计划的责任;同时部门主管应作为内部资源规定其培养责任,以其专长和实践经验为新人员提供帮助。

**培训评价**　企业对培训评估做出明确规定，包括对讲授者、参训者、培训后行动情况等。培训评估可以采取多种方法，如调查表、问卷、行为评价、工作绩效评价等。企业应明确规定何种培训以何种方式做评价。

**满意度调查**　培训计划实施、培训现场感受、培训后的实用性、员工对培养规划和实施等的看法，企业应要求制定明确规则，定期或根据规划实施情况展开。针对不同内容和目的的调查，需要何种项目、标准、方法、时机等，应具体、清晰、可操作。

**讲师与教材**　讲师的选择、评价、讲授教材的准备等，应安排必要程序和要求，以确保参训人员能更好地听课，并切实获得所需技能或方法。

**培训组织**　培训组织包括内部沟通、受训者安排等，应有明确的组织活动开展要求，明确各部门的培训配合工作，使培训组织与策划的预期目标保持一致。

**培训流程**　培训的实施是一个琐碎繁杂的过程，为提高效率和避免出现差错，培训组织过程应建立一套程序，包括每个步骤需要完成的工作项目、使用的工具、组织责任及检查稽核要求等。

**培训成效评估**　企业根据自身培训体系运行状态，考虑成效评估的方式和程度。一般分为三种方式，培训现场的评估、培训后工作行为改善的评估、培训后因采用相关方法带来的绩效改变等评估。各种培训方式的深度和组织要求有差异，但企业对何种方式的培训，需采用何种深度的评估做出规定。

3. 考核体系

职能：考核涉及工作评价和个人奖励，企业应对考核过程、方法和评判标准建立一个小的循环系统，使工作考核既可反映工作状态，又能促使各方面如个人能力、工作绩效等不断提高。考核需要各部门认真对待和积极配合以及简洁易行的过程管理。

**考核体系包含十个管理细节及要点，分别是：**

**规则设定** 人力资源管理部门主导建立企业的考核体系，规划中的内容应包括考核指标、评判标准、考核方法、资源安排、结果处置、投诉处理等。设定明确的考核规则，使体系要求被所有人员了解和执行。

**考核指标** 企业应要求建立部门工作指标，人力资源部门协助各部门为所有岗位建立考核指标。考核指标既是员工努力的测量标准，也是数据和信息收集整理的对比依据。考核指标的设定应符合 SMART 原则（量化、可测量、可实现、有意义、有期限），应与受考核者沟通，使指标和各项要求达成一致。

**评判标准** 企业应为岗位、部门、企业整体建立考核体系，指标、标准和考核要求应有明确具体的评判标准。具体明确的考核标准，能使员工了解自己如何通过努力以达成目标，并使考核客观、公正、可信。

**考核责任** 考核需要企业每个人的行动，员工有责任提供完整、可信、有效的工作信息和作业数据；人力资源部门应对考核所采信的数据和信息负责。为此，企业应规定详尽的考核责任要求，包括员工工作结果责任、管理者确认责任、流转中的数据和信息保护责任等，使考核过程真正体现客观、公正。

**数据/信息管理** 数据和信息的提交、收集、流转、存档等都将影响数据和信息的真实有效性；数据和信息的流转过程，会影响考核的真实性与客观公正性。因此，员工有责任确保流转经过本岗位时，数据和信息可靠完整。企业应对数据提交、管理和运行等制定明确的管理要求，包括数据失真责任。

**考核沟通** 考核数据和信息收集后，应通过沟通来确认数据和信息的可靠性；考核结果确定后，应通过沟通确定考核结果的符合性和可能存在的差异；考核结果经确认并处置时，应再次进行沟通，以确定考核被接受。

**信息反馈** 企业应为考核中的信息反馈安排必要的沟通通道，包括考核投诉、结果争议、数据责任未有效履行等。对于考核体系的执行成效的反馈，也作为需要关注的信息源，以便于作为检讨依据。

**结果处置** 考核数据和信息收集整理并于考核指标对照后，会判定超出、达标、未达标三种结论，无论哪一种结论，都应成为下一步行动的起点。所以，考核结果应用于个人奖罚依据、培训/指导依据和工作改进基础。部分情况下也可作为职位调整或辞退的依据。考核结果作为文件妥善保管，结果处置应有明确规定。

**考核流程** 企业对考核的组织、实施过程应建立一套标准的操作流程，从制定指标到考核资料存档，形成标准的操作过程，每个步骤需要完成的工作、配合责任与作业要求都应明确具体可执行。

**考核检讨** 考核体系的标准化是逐步完善的过程，因此应设定考核操作检讨的监测指标，以便于判断何时、何处需要调整或优化。每年应对考核工作的执行情况做检讨和成效评价。检讨应有固定要求。

4. 职业规划

职能：职业规划是企业保留和培养人才的有效措施，可以使员工从自己最初的岗位开始，建立个人成长和在企业的发展路径。职业规划有助于企业了解每个人的特点及培养方向，也成为个人实现职业成功的努力路径，可以指导员工更好地学习、吸收知识与提高技能。

**职业规划包含十个管理细节及要点，分别是：**

**规划责任** 企业应明确要求人力资源部门为不同员工安排职业规划，各部门管理者有责任为下属的职业发展提供指导及帮助。规划前的信息收集和规划意见讨论，管理者都应充分考虑下属的特点和职业需求。

**资源安排** 人力资源部门根据职业规划提出资源需求。资源包括时间安排、讲师、培训责任、管理者指导等。资源安排应作为年度计划，须经过审核后方可批准。可将资源安排与其他工作资源结合安排，无需单独安排。

**能力测评** 职业规划必须与当前实际能力状态结合，为此应设定具体、可行、综合的能力测定方法和标准，以确定其职业走向及培养潜力。能力测定是培养人员的首要步骤，方法可包括静态测评和绩效评价。

**职业目标** 根据个人特点、能力基础，人力资源部门应为员工设定合理的职业目标，尤其在企业内部的发展目标。职业目标应与培养目标保持一致，但目标的实现应在资源允许范围，设定方式应有规定。

**个人成长规划** 人力资源部门与员工共同设定的个人成长规划，应形成书面发展计划，建立阶段性目标和各阶段内的工作任务、学习任务等。个人成长规划由员工个人和人力资源部门各保存一份，便于检讨、评价。

**岗位辅导责任** 一旦确定员工职业规划，该员工的直接管理者、人力资源部门、安排的专业指导者都负有岗位辅导责任。该责任应经过与辅导者沟通达成一致后确定，且辅导内容、目标和方式都应明确。

**达标评价** 根据规划执行的阶段安排，或经过员工申请，应进行规划执行状态评价。通过评价和确定个人成长与规划要求的一致程度，需要突破的瓶颈及表现出的其他特点。评价应确定执行状态，如继续执行原规划、规划调整或者重新设定职业目标。评价的范围、方法、要点、标准等应在规划中明确规定。

**轮岗和轮训** 轮岗和轮训是职业规划的实践方式之一，管理者应能理解并支持下属进行轮岗、轮训。对轮岗和轮训的条件、上岗前培训、岗位跟踪、回岗评定等，应有明确具体的操作措施和相应条件、标准。

**培训** 根据规划的安排，员工在接受常规安排的培训之外，还应根据个人特点制定个性化学习计划。培训更多地结合技能增加和实践能力方面。培训的方法更多样，如脱产学习等。但培训条件和要求应有规定。

**职业规划改进** 根据企业产品特点和自身规模，职业规划计划不一定能覆盖企业所有员工，职业规划的操作能力也有差异。规定对职业规划方法、程序、效果等的检讨，可持续提升职业规划操作的系统能力。

## 三、人力资源效益展现能力

本项能力细分项包括：薪酬体系、绩效管理、激励机制。

职能：资源效益展现体现企业对人力资源的运行、潜力激发、引导和长期维护等方面的能力成熟程度。

薪酬体系

职能：薪酬的设计与安排，影响企业的成本及人员流动。薪酬设计需要考虑对外的竞争性、对内的公平性和内部激励性，以及企业的可承受度和员工的满意度。薪酬管理是一个绩效循环，需要全面考虑和管理，才能发挥薪酬的激励性，最终带来预期的管理回报。

**薪酬体系包含十个管理细节及要点，分别是：**

**薪酬体系**　企业的薪酬应通过系统规划，从薪酬等级、薪酬给付到薪资管理形成完整的闭环管理系统。薪酬体系既可帮助企业做好人力资源成本决策，也有利于展开规范、系统的薪资管理。体系规划应是书面的完整描述，以作为薪资管理能力持续改进的基础。

**职位价值评估**　为有效设计职位薪酬结构，应对每个岗位的价值度进行评估，以确定该岗位的工作价值程度。根据岗位的价值度，考虑该岗位的薪酬结构、幅度及薪酬的激励程度。职位价值评估应确定规则，在企业发展的不同阶段及不同战略要求下，对岗位价值的变化应进行规定方式的再次评估。

**薪酬设计**　薪酬设计应考虑公平性、竞争性和激励性。公平性指如何确保薪酬安排在内部拥有可信的公平性，人力资源部门需要为不同部门、岗位的薪酬差异做出明确规定。公平性规定有助于员工理解管理要求及薪酬给付条件，包括个别岗位的谈判薪酬。竞争性指人力资源部门应定期收集同行业的薪酬信息，通过第三方提供或其他途径获取同行业的薪酬信息，及时了解行业变化，判断自身薪酬水平，及时作调整或修正，以留住员工并保持适度竞争性。激励性则是员工明确工作绩效水平与薪酬水平的关系，最终使薪酬结构更好地激发员工积极性，达到激励员工、提高绩效的目标。

**薪酬调整**　薪酬设定并非一成不变，针对特别岗位或特别情况，人力资源部门应制定薪酬调整监测指标，包括工作职责变化、绩效变化、外部薪酬水平变化、国家政策变化等。快速响应将给员工明确信息。

**薪酬谈判**　薪酬谈判在新员工录用、特殊人才引进、岗位调整等方面，发挥很重要的作用。人力资源部门应制定并公布政策，使员工了解在何种情况下可申请薪资谈判，及时发现员工需求并留住关键/核心员工。

**薪酬保密** 根据产业或企业规模、性质的不同，会有薪资保密的要求，但薪资保密会面临相当的挑战，有时反而带来负面的管理效果。薪酬保密的要求、条件、管制及泄密处罚等应有明确规定，并公布执行。

**薪酬结构设计** 根据岗位的特点，可安排不同薪酬组成，如工资、津贴、福利、保险、奖金等。不同岗位的薪酬应编制书面结构说明，使员工了解当前薪资与期望薪资的关联，并明确如何才能获得更多薪资奖励。

**成本控制** 企业对薪酬给付和工作绩效管理关联做出明确要求，实现劳动成果与薪酬给付的密切相关。企业的薪酬给付可以作为激励措施，通过薪资引导使员工更多地节约工作成本，提高薪酬效益。

**管理流程** 薪酬策划、给付、调整等管理工作，应通过一套固定程序完成。流程包括步骤及各步骤需要完成的工作。薪酬管理流程应规定在年度或特定条件下进行检讨和总结，以确保薪酬体系符合企业发展要求，以及适应外部环境的变化。

**薪资情报** 薪资涉及每位员工的收入评价。人力资源部门将与薪资有关的内部信息、外部信息包括薪酬投诉，作为薪资情报妥善管理。薪资情报应规定固定的收集、保管方式，并要注意保密管理。

## 四、绩效管理

绩效管理职能诊断标准：企业的绩效管理水平直接影响运营

和经营绩效。设定合理的绩效指标、加强绩效责任督导、定期检讨绩效进程而非秋后算账等，可以有效改善绩效状况，并促使企业达成预期的经营目标。

**绩效管理包含十个管理细节及标准，分别是：**

**绩效责任**　绩效管理是所有管理者需要承担的责任，绩效达成是企业所有人员应该做到的。为使绩效责任具体、明确、针对性强，人力资源部门应对绩效达成和管理责任做出明确规定，以提高绩效达标能力。

**绩效指标**　根据岗位差异、部门不同和职能重点差别，人力资源部门应分别设定绩效指标，并对关键绩效指标进行考核。绩效指标针对不同层级，应具有系统性和承接关系。指标设置应考虑条件、关键任务和核心职能，指标不宜过多以免分散岗位人员工作焦点。指标数据源、计算公式、定义等应明确。

**资源支持**　绩效管理是一个持续过程，需考虑并安排充分资源支持活动的展开。为有效管理绩效体系，必要时需借助外部资源。对资源调度应做出规定界限，以及时获得资源支持。

**绩效过程管理**　人力资源部门与员工的上一级管理者，都应关注员工的绩效状态，无论人力资源部门或其他职能部门都有绩效达成的责任。绩效过程管理包括流程执行和评价修正都应有明确规定。

**绩效沟通**　绩效指标确认与修正、绩效过程偏差、绩效考核结果等事项都应进行充分沟通。沟通不应仅仅在员工与人力资源部门间展开，企业应规定绩效沟通程序和要求，直接管理者应配合进行与直接下属的沟通。

**绩效考核**　通常，绩效考核与工作考核结合进行，但不同的是，绩效更关注直接带来价值和效益部分的表现，所以考核的结果可用于绩效改进，但绩效考核还应关注核心职责的履行。绩效考核的改进措施应有规定。

**绩效面谈** 绩效面谈是绩效管理者和绩效实现者之间的绩效状态沟通，企业应对不同绩效沟通面谈做出规定，包括面谈方式、时机、责任者、重点、记录要求和面谈后的管理者沟通。面谈应有明确程序。

**绩效促进** 人力资源部门应特别关注绩效连续不能达成、绩效达成能力不稳定或者绩效优秀者，应采取多种方法去促进员工绩效。包括安排必要的激励、纳入培养计划、调整薪酬或职位等。绩效促进措施采取的触动条件、促进重点及方向等应有明确规则，以使绩效管理有迹可寻。

**绩效体系改进** 企业应制定明确要求，对绩效体系的改进信息进行收集和分析。体系改进的范围涵盖指标、沟通方式、绩效考核标准、绩效促进措施、绩效操作流程等各方面。绩效体系改进后，应及时把对有关绩效的管理规定进行更新，并重新发放管理要求。

**年度绩效总结** 企业每年度结束时，应对当年绩效管理成果、经验和教训进行总结。包括绩效指标达标程度、绩效管理工作得失、绩效数据和信息管理等。年度绩效总结，成为下年度绩效指标调整的基础。

激励机制

职能：激励机制是通过一系列物质和非物质措施，促进各岗位员工或特定岗位员工努力完成工作任务，以获得更好的绩效。为此企业应提供适宜的环境、充分的资源、系统而持续的措施，必要时包括股权或年度分红等高层激励措施。激励措施应是企业促进员工绩效的有效措施。

**激励机制包含十个管理细节及要点，分别是：**

**激励规划** 企业应为需要实施的激励措施做系统规划。规划范围应考虑横向的部门和岗位特点、纵向的层级关系，因此规划的激励措施，不同层级、不同岗位应有所差异。规划内容应形成书面描述。

**资源投入** 激励需要企业考虑必需的资源投入。非物质激励也需要部分物质投入作基础；物质激励将涉及更多内容，包括奖励、福利提升、培训机会等，必要时还包括分红权、期权、股权等高层级激励措施。资源投入应有长期规划，以便于分期投入和带来长期的资源回报。

**激励条件** 任何激励措施的实施、激励承诺的兑现都应考虑受激励对象是否满足必需条件。为客观公正地实施激励，激励条件应以标准的、完整的、易于理解和实施的方式形成明确的书面文件。企业应对各岗位短期激励和长期激励的条件、措施做出明确规定，以确保人才留岗，可获得长期的人才稳定性。

**措施评价与实施** 激励措施实施前应进行评价，以确定该项措施适合于被激励对象。激励措施实施的过程，应编制流程文件以确保正确实施。措施实施过程中应收集有关的各类信息，作为措施可行性评价信息来源。

**激励效果评估** 一项具体措施实施后应评价其达到预期的程度，确定实施效果。激励措施的效果评判方式、项目、标准、评价责任等应有明确规定。效果评估规定使各相关人员承担措施实施的责任。

**激励标准化** 激励作为差别措施，只能针对满足激励条件的员工展开，为避免操作偏差、理解偏差和执行偏差，应建立条件、评判、监察稽核、效果评价等有关操作的标准化规则，使激励真正体现激励效益。

**激励要求** 激励实施应符合几项基本要求，包括公平性、竞争性、经济性、易于执行和可获得效益等，但在不同企业、不同产品和所处行业，激励要求会有差异。激励要求是设计激励措施和投入相应资源的基本原则，应对每项措施的要求符合程度设定必要评价方法。

**激励系统性** 激励措施在企业内部应该形成一个系统，使员工了解如何才能获得更好的激励，并为此贡献自己的智慧和才能。系统性应体现在措施的循环上升和激励路径的关联程度上。实现一个激励措施，再根据成效导入另一个激励措施；不同岗位或不同层级的调整，有相应的激励与原有水平绩效要求关联。

**激励循环规则** 激励的展开，应符合戴明（PDCA）：策划、执行、检查、改进循环持续展开。循环的方法、要求、条件，激励对象的直接主管与人力资源部门的各自职责，都应有明确规范。

**年度激励评价** 年度结束时，应综合企业所有激励措施的实施状态，考虑年度的激励投入，评价年度激励实施成果。年度激励评价作为参考，用于下年度的激励投入调整、员工能力提升规划、绩效目标制定等。

## 第五节 行为诊断

### 企业行为诊断的细节

企业行为是企业战略管理关键环节，本书把它分为约束行为、沟通行为、会风行为、操作行为四个部分诊断。

企业行为决定企业产品质量和市场信誉。员工养成良好行为习惯，就能有效保证产品质量，提升企业品牌的影响力，是经营企业的关键模块。

## 一、约束行为

本书所谈的约束行为是指企业制度的约束行为。因为当行为与制度规定不一致的时候，虽然有理念等诸多因素，但是，制度的合理性和制度管理的公平、公正性，将直接影响到员工的行为。所以，本项约束行为主要是突出建立制度，管理制度等方面诊断。细分项包括：制度导向、制度透明、制度原则、制度流程、制度约束、制度跟踪、制度反馈、制度修改、制度补充、制度评估。

它们的职能是制度约束，制度规范行为能体现企业经营者对企业员工的建立、影响、把握和支持等方面行为能力的成熟程度。

**制度约束行为包含十个管理细节及要点，分别是：**

**制度导向**　制度背后一般是由理念决定的，其目的是企业是想干什么？它直接关系到企业战略目标甚至公司战略的实施和执行，应有明确的职责分工描述。

**制度原则**　企业的管理制度不能覆盖管理者和员工所有的行为，因此，当制度没有覆盖所有员工行为时，企业应通过原则来盘活制度的灵活性。

**制度流程**　企业制度的流程，本书是指执行流程，关键是不能颠倒、缺项，不能做到这两条，就要追查管理责任。

**制度跟踪**　优秀企业的各种制度出台，都需跟踪制度的执行情况，是否公司所有人都能获知、理解和执行，同时阐述还应以不同的形式加以宣传，才能使制度要求深入人心，变成全员的行动指南。

**制度反馈**　制度发布以后，需要将跟踪的情况进行反馈，为分析制度是否与战略目标保持一致。制度的反馈分析的方法、条件和评判标准等，应有明确规定作为参照。

**制度修改** 企业的制度修改，必须履行民主程序，以确保制度被员工的认可度，一般必须全员参与，从下到上。

**制度补充** 企业员工在执行制度过程中，遇到的一些新情况、新问题，如果制度没有规定到的，而又必须要实施的行为、可以做成案例，制度应有书面记录留档，作为以后类似行为出现的参照。

**制度透明** 制度的透明关系到企业管理的公平公正，有利于调动管理者和员工的积极性，应有明确的文件或网络搜索平台。

**制度公正** 企业的制度一旦出台，必须从决策层、管理者，到执行层，严格进行管理，不管什么层面违反制度规定，考核必须做到公平、公正，确保制度的严肃性。

**制度评估** 制度评估的目的是看执行过程是否符合制度预期目标，达成上下认同氛围，促进企业目标的顺利完成，评估将是非常重要的管理环节。评估结果应作为保密文件妥善管理，并作为下次评估时的参考信息之一。

## 二、沟通行为

本书叙述的双向沟通行为，主要是指倾听沟通行为，它是企业管理者的基本功，一个管理者不懂在沟通谈话时，从声音、肢体、语意去诊断员工，是没有影响力的管理者。

管理者怎样才能养成耐心倾听的习惯。首先要迈好尊重人的第一步，俗话说："听话听音"。在日常工作中，首先要尊重员工，尊重员工的第一步要学会听话"听音"的背后，它是人与人沟通的一种主要方式。如果你以包容、淡定、耐心、诚信的心理，去倾听员工的说话，从谈话的语速、语境等方面入手去了解员工，可能会给你的工作、生活带来乐趣，将会进一步快速了解人的性格。减少你工作中的一些烦恼，预防在工作中的风险。当然，凡事一切皆有可能，凡事一切皆有例外。

本文叙述的行为不仅是指肢体语言，还包括五官“行为”，比如瞪大眼睛，放大声音、和他人争吵，我们都可以概括为五官行为。通过诊断的面谈沟通能力发现员工不良行为是一个管理者基本功，具备了这种行为沟通能力，管理者可以在用人时，可以提高效率，减少成本。比如安排粗心的人去做统计工作，出错的概率就大；安排不懂礼节的人去做营销工作，容易得罪用户。所以领导的面谈沟通能力，是快速确定被谈对象大概的性格，特征，从而到达相对合理使用。

**管理者耐心倾听沟通行为诊断面谈能力包含十个说话细节及要点，分别是：**

说话的“距离”　同事说话间不注意“距离”的人，缺少礼节，容易引起他人反感。

**案例：**礼仪大师金正昆说：通常交际距离是指半米到一米半之间的距离。这种距离是在人际交往中，或站或行时所允许保持的最为正规的距离，如果我们与人交往时，不注意“距离”就是缺少礼节，容易引起他人反感。

说话的心态　说话老是责怪别人的人，缺少包容心、进取心，成不了大事。

**案例：**《再造卓越》（吉姆·柯林斯）归纳：“走下坡路团队的精神状态：遇到困难、错误和失败的时候就把责任归到外部因素或别人身上。这样一来企业就有麻烦了”。

20世纪80年代末90年代初，方兴未艾的分布式计算开始影响IBM的主营业务，IBM也开始走向下坡路。IBM的一位高管将这种让人担忧的趋势坦诚地告诉了公司的其他高管，公司一位说一不二的领导将这份报告扔到一旁，不屑地挥手说道："报告中的数据肯定有问题。"

这位年轻的IBM高管当时就知道这家企业帝国注定将衰落。于是，他离开了IBM自己创业。当谈到当年离开IBM的决定时，他幽默地说："自己白手起家创业总比对风险置之不理要更保险。"尽管IBM后来进行了改组，也加大了研发力度，但是并没有能够止住公司下滑的势头。到了1992年，业界将IBM比喻为一只行将绝迹的恐龙。（后来IBM公司的计算机业务已被联想收购。）

**说话的语速** 说话每分钟超过180字的人，性格比较急，气量不大，有紧迫感，有点内傲，会有意无意得罪人，成事有坎坷。

**说话的声音** 对一个人说话，声音非常响的人，缺少修养，做事缺乏预见；说话低着头轻声细语的人，大多胆小，缺少自信；在社交场合说话有拖音的人，大多是爱显摆的低层管理者。

**说话的幽默** 说话有幽默感的人，阅历多、思路开阔，一般是有影响力中层以上的管理者，容易给人以好感，得到他人认同。

**说话的氛围** 说话不融入愉悦氛围的人，交际能力欠缺，容易惹人讨厌，一般遇事定力不足。

**说话的内容** 说话议论别人多的人，多数是是非之人，喜欢被别人抬举的人，大多不够诚信；说话耿耿于怀的人，大多小事斤斤计较。

**说话的性格** 说话直言不讳的人，大多秉直；办事缺少预见和应变能力。

**说话的肢体** 说话手有小动作的人，多数是因为怯场；脚有小动作的人，大多是自私的人，说话时走动的人，善于思考；说话老是点头哈腰的人，大多会拍马屁，做事有心计。

**说话的尺度** 说话狂妄自大的人，经常贬低别人，妒忌、爱惹是生非。

以上内容是在日常工作、生活中的一些体会、归纳，不可能尽善尽美，仅仅是一家之言。每一种说话行为的背后还可以进一步探讨观察说话人的行为举止、行动方向。但百人百面、千人千策，不管是应对也好，辨识也好，拿来用也好，有三条做人做事的基本原则：

一是：人往高处走，高处不胜寒；水往低处流，低处纳百川，有容乃大；

二是：以怨报德，以德报怨，以怨报怨，都不可取，做人做事要以直待人；

三是：诚信是立身之本，诚信是交友之基，诚信是沟通之源，诚信至善。

信守这三条原则，注意听话听音的背后，你将会为自己营造出一个和谐文化的工作、生活环境，也强化了企业文化管理的影响力。

## 三、会风行为

会风诚信看似简单，但蕴涵着领导示范、领导效率，它可以直接从员工的执行力来体现企业文化法则领导的管理能力。所以，会风文化，养成习惯；治理作风，先治会风。会风的形成是一次革命。会风行为诊断包含十个管理细节及要点，分别是：

**时间与地点** 告知明确的会议时间、地点。标准普尔会议时间掌控：报告人报告 10 分钟；主持人插话只许五次，每次 1.5 分钟；汇报人 3 分钟；鼓励摇手；其他领导 3 分钟共鸣，争议不超过 5 分钟，每次不超过 3 个人次；自律：主持人或主要领导总结呈词不超过 10 分钟；会前没请假，迟到者自觉站立 3 分钟。他律：建立轮流监督席。监督席只按时间监督，不管哪种发言只要超时监督人可鸣笛或举手提示或会后3分钟点评。

在训练中养成良好的习惯以正其风。这也是诚信的表现。

**会议的材料** 会议材料提前3天发送与会人员，有异议提前一天报告组织者。

**会议的主题** 每次开会要有一个明确的主题，没有明确的主题不开会。

**会议的主角** 在他人争吵之中，能平衡观点的人，能把游离主题的内容拉回到主题，继续组织讨论。（我经常在组织无领导小组讨论时，观察有没有这样能力的角色，然后作为推荐理由）这样的新进大学生，不管他目前是不是领导，以后起码是一个中层以上的领导。

**会议的衔接** 本次会议与上次会议有关联，首席要回报上次会议之后的落实情况。

**会议的人员** 与会议内容不相关的领导，不参加会议，减少开会的成本。

**会议的程序** 在规定的模式内，作出规定的程序安排，以此提高会务效率。

**会议的流程** 参加会议的部门按照规定的流程发言。

**会议的纪要** 要落实做好会议记录的工作人员，会议纪要作为确定下一步行动方向的重要参考。

**会议的结束** 主持人要作总结发言，宣布会议结束。

简减会议，久而久之就会提高领导的威信，产生强大的执行力。

## 四、操作行为

本书以现场实践方案、案例为主，介绍一种员工操作行为诊断管理思路方法及要点。

# 员工技能健身计划实施方案

为了使员工进一步提升安全、管理、技能、技能等水平，车间根据厂部要求，结合其特点，制定本年度员工技能健身训练方案。

**一、目标**

以操作维护员工技能诊断为基础，以“员工技能健身计划”为载体，针对岗位技能短板，制定针对性的培养计划，促进操作标准化、规范化、熟练化、精准化的行为养成，不断提升车间操作维护员工队伍整体技能水平，确保有20%员工技能得到提升。

**二、实施范围**

车间操作维护岗位员工。

**三、基本原则**

1. 标准与标杆相结合

以岗位标准化操作为基础，以优秀员工为目标，从基础素质、岗位知识、岗位操作、技能延伸四个纬度对员工个人的实际情况进行体检，识别操作技能短板，明确提升方向。

2. 培训与带教相结合

对具有普遍性、共性的短板问题，采取集中培训、辅导的形式进行补缺；对具有个体性、专业性的短板问题，采用师徒带教的形式进行补缺。

3. 技能与自主相结合

以员工自身技能提升为基础，以业绩提升为导向，积极引导员工查找短板，同时根据评估结果对培训的方案和目标进行动态调整，促进员工队伍向自主型员工发展。

**四、技能健身领导小组**

组长：________________

组员：各技术人员、作业长、生产骨干、工会劳资

**五、管理职责**

1. 车间领导

是技能健身、岗位培训工作的监督者和评价者，负责审核岗位培训方案，定期检查岗位培训工作执行情况。

2. 各管理技术人员

是技能健身、岗位培训工作的第一责任人，负责明确培训目标、协调实施总体培训计划、跟踪并评估培训效果。

3. 作业区作业长

是技能健身、岗位培训工作的具体实施者，负责员工岗位操作技能的体检，根据体检结果制定细化培训内容，确定培训对象，落实岗位培训工作。

4. 工会劳资

是技能健身、岗位培训工作的支撑者，负责协调培训资源，配合实施培训计划及小结。

**六、总体进度策划**

| 序号 | 专业 | 推进内容 | 时间节点 | | | | | | | | | | | | 责任者 |
|---|---|---|---|---|---|---|---|---|---|---|---|---|---|---|---|
| | | | 1月 | 2月 | 3月 | 4月 | 5月 | 6月 | 7月 | 8月 | 9月 | 10月 | 11月 | 12月 | |
| 1 | 技能健身 | 一、推进计划阶段 | — | | | | | | | | | | | | 技术组 |
| | | 二、梳理标准阶段 | | | | — | | | | | | | | | 技术组 |
| | | 三、技能诊断阶段 | | | | | | — | | | | | | | 日班作业长 |
| | | 四、体检报告阶段 | | | | | | | — | | | | | | 日班作业长 |
| | | 五、技能健身阶段 | | | | | | | | — | | | | | 日班作业长 |

1. 推进计划阶段

成立推进计划领导小组，对技能健身进行总体策划，明确推进计划五阶段的时间节点。

2. 梳理标准阶段

（1）系统梳理岗位关键操作技能。根据岗位规程及岗位能力要求，对岗位知识要点进行梳理，重点梳理各岗位的关键操作技能（主要为日常操作和异常操作内容），作为“岗位知识”及“岗位操作”模块的体检项目。

（2）合理确定体检项目权重指标。按照“突出重点、体现引导”的原则，并结合员工实际，合理确定体检模块、体检项目的权重。对整体操作水平已经较高的项目，权重可适当降低；对重点关注项目在权重设置上要得以充分保证，如岗位操作模块总体权重不低于50%。

（3）规范流程确保诊断的客观性。为保证体检项目和标准的客观性，广泛听取各级管理、技术、操作员工的意见，汇集意见、建议后进行优化调整，努力提高操作维护员工的认同度，并形成自动自发的氛围，为技能诊断工作的有效开展奠定坚实基础。

知识梳理责任人，并完成附件1～3。

3. 技能诊断阶段

（1）组建技能诊断师团队。各岗位组建以作业长为主，班组长、相关技术人员及部分操作维护骨干参与的诊断师队伍，具体如下表：

| 岗位类型 | 诊断师 | | | |
|---|---|---|---|---|
| | 作业长 | 班长 | 操作人员 | 技术人员 |

（2）合理选择诊断方式方法。各诊断小组需根据不同情况，

建立不同模块的诊断方式。主要诊断方式如下：

① 基本素质模块各体检项目主要通过e-HR系统收集信息进行诊断；

② 岗位知识模块体检项目可通过组织笔试、口头考问或结合上岗、岗位复证考核成绩等方式进行诊断；

③ 岗位操作模块体检项目可通过现场口头考问、实际操作、模拟操作、员工互评或诊断师团队评价等方式进行诊断；

④ 技能延伸模块体检项目可结合上岗操作证、岗位操作经历及岗位实际操作能力等信息进行诊断。

4. 体检报告阶段

技能体检报告是员工"技能健身计划"的关键载体，在"技能健身计划"的实施过程中起着承前启后的关键作用。

各作业区作业长负责员工岗位操作技能的体检。体检报告格式详见下表。

| 岗　位 | 负责人 | 岗　位 | 负责人 | 岗　位 | 负责人 |
|---|---|---|---|---|---|
| | | | | | |

5. 技能健身阶段

各作业区根据员工岗位技能健身体检报告，针对员工岗位技能上的短板，制定技能健身计划、设计培训方案、细化带教计划。对体检不合格人员（暂定不低于20%）应开展重点培训，填写《重点带教人员技能提升计划表》（附件5）。

（1）岗位训练提高。各作业区根据技能健身计划，组织岗位训练提高，并按季度组织跟踪评价。

（2）落实旁站指导培养方式。对岗位实战能力存在短板的员工，作业区应重点关注，并落实旁站指导教练进行在岗有效指导。

通过旁站指导的方式，观察员工的操作行为、结果，并进行合理的纠正，带领并做好样板示范，持续强化岗位操作能力。各作业区可聚焦薄弱环节，重点关注技能素质指数在作业区排名较后的员工，以及以往操作过程中已出现问题的项目，重点进行培训。

（3）严格按季度跟踪评价。技能健身计划实施过程中严格分阶段进行跟踪评价。原则上，每季度初各作业区对上一季度岗位实战能力方面的技能健身计划实施情况进行跟踪评价，重点检查培训内容、方式及训练效果，并及时反馈，同时动态调整培训方案。

以下列样表为例：

**某岗位知识及岗位操作要点梳理（样表）**

1. 岗位知识

安全作业—环保规定—岗位作业准备—岗位作业控制—EDT 作业准备—EDT 作业控制—主操：粗糙度测量仪参数设置—主操：磁粉探伤

2. 常规操作项目

岗位前的准备作业—岗位作业—岗位后轧辊的质量检查—EDT 打毛前的准备作业—EDT 打毛作业—打毛后轧辊的质量检查—磨削前的准备作业—森辊磨削作业—削后轧辊的质量检查—主操：表面波探伤仪标定

3. 异常操作项目

名称、内容、处理方法—自立项目挂牌—三方挂牌—行车指吊作业—主操：出现负值处理—主操：平整机堆钢爆辊后的轧辊处理

技能健身过程必须严格按技能健身计划推进。原则上，每季度初各作业区对上一季度岗位实战能力方面的技能健身计划实施情况进行跟踪评价，重点检查培训内容、方式及训练效果，并及时反馈，同时动态调整培训方案。见附件 2

# 第十章
# 附　件

## 附件一

### 一、诚信分析组成员构成需求表

| 序号 | 单位 | 岗位 | 人　员　要　求 | 人员 | 时间要求 | 联系电话 |
|---|---|---|---|---|---|---|
| 1 | | 党 | 熟悉本岗位专业知识，有责任心和组织能力，具备 8 年以上思想管理实践经验 | | 全程 | |
| 2 | | 政 | 熟悉管理制度，有相关人员培训的知识、具备 8 年以上生产运行管理实践经验 | | 全程 | |
| 3 | | 工 | 熟悉本专业知识，具备 5 年以上工会管理经验 | | 全程 | |
| 4 | | 团 | 熟悉本专业知识，具备 5 年以上做青年工作的实践经验 | | 全程 | |
| 5 | | 作业长 | 熟悉本专业知识，了解作业区的员工队伍情况，具备 5 年以上，作业区管理经验 | | 全程 | |
| 6 | | 安环监督 | 熟悉国家、行业、钢铁工业相关 HSE 法律、标准、规定，具备 5 年以上运行管理经验 | | 全程 | |
| 7 | | 技术岗位 | 熟悉设备的设计、原理、运行、检测和维修知识，具备 5 年以上运行管理经验 | | 按需要参加 | |
| 8 | | 维护岗位 | 熟悉本岗位原理及运行知识，具备 3 年以上运行操作经验 | | 按需要参加 | |

其他成员：根据需要定。

## 二、诚信分析文件依据提供方

| | 资料名称 | 要求 | 提供人 | 完成时间 | 资料要求 | 备注 |
|---|---|---|---|---|---|---|
| 1 | 某部门管理者诚信示范实施办法。 | 见文件内容 | 厂党委 | 2008.06.30 | 电子版 | 必须提供，分析小组人手一份 |
| 2 | 某部门员工诚信档案管理办法。 | 见文件内容 | 厂工会 | 2008.06.30 | | |
| 3 | 某部门党员诚信示范实施办法 | 见文件内容 | 厂办 | 2008.06.30 | | |
| 4 | 党员诚信示范素质模型模块讨论修正下发稿。 | 见文件内容 | 组干 | 2008.06.30 | | |
| 5 | 关于扎实开展“党员诚信示范”主题。 | 见文件内容 | 组干 | 2008.06.30 | | |
| 6 | 某某部门“管理者诚信示范”实施办法。 | 见文件内容 | 分厂车间 | 2008.06.30 | | |
| 7 | 某某部门信考评管理办法。 | 见文件内容 | 分厂车间 | 2008.06.30 | | |
| 8 | 某某部门者诚信示范推进表。 | 见文件内容 | 分厂车间 | 2008.06.30 | | |

联系人：________________

电　话：________________

## 三、诚信项目进度计划时间表

| 序号 | 阶段 | 步骤 | 内容 | 计划日期 | 完成日期 | 曾遇到的问题 |
|---|---|---|---|---|---|---|
| 1 | 准备P | 现场调查确定风险偏差 | 涉及诚信的制度标准和管理要求，对照诚信文件和标准，重点诚信掌控岗位 | 2008.5.12 | 2008.5.12 | 无 |
| | | 确定目标 | 通用目标群：目标群关键指标 | 2008.5.16 | 2008.5.17 | 缺少目标群及等级划分 |

续表

| 序号 | 阶段 | 步骤 | 内容 | 计划日期 | 完成日期 | 曾遇到的问题 |
|---|---|---|---|---|---|---|
| 2 | 分析D | 通用诚信危害性调查表 | 进行定性或定量后果分析<br>定性:填写定性后果分析表 | 2008.5.18 | 2008.5.18 | 无 |
| | | 岗位诚信防护层次 | 观察纵向界面及人员作业活动<br>完善诚信体系管理层清单 | 2008.6.6 | 2008.6.6 | 无 |
| | | 岗位诚信目标群关键因素风险等级 | 应根据制度逐项检查,人为因素;管理体系;操作规程;培训等 | 2008.6.12 | 2008.6.18 | 无 |
| 3 | 改进C | 提出保护措施 | 针对偏差、原因、后果的预防措施。改进意见 | 2008.7.2 | 2008.7.2 | 缺少预防控制 |
| 4 | 实施A | 岗位诚信风险点 | 诚信行为预防养成 | 2008.7.23 | 2008.7.23 | 缺少预防控制 |

## 四、通用诚信目标群危害性调查表

| 对象 | 标准 | 回答 | | |
|---|---|---|---|---|
| | | 管理岗位 | 技术岗位 | 操作岗位 |
| 职业操守遵章守纪、爱岗敬业、执行有效 | 认真做好每一件事,严格执行制度、规定和规程 | 基本做到 | 基本做到 | 规定不熟悉,执行有时有偏差 |
| | 对自己和他人的人身安全负责,按标准化作业 | 基本做到 | 基本做到 | 标准化作业有执行不到位现象 |
| | 各种统计报表,台账及各类原始记录数据信息真实、完整 | 基本符合要求 | 基本符合要求 | 基本符合要求 |
| | 工作专注、高效,恪尽职守,持续改进 | 工作准备不充分,工作效率不高 | 工作准备不充分,工作效率不高 | 工作准备不充分,工作效率不高 |

续表

| 对　象 | 标　准 | 回　答 | | |
|---|---|---|---|---|
| | | 管理岗位 | 技术岗位 | 操作岗位 |
| 职业操守遵章守纪、爱岗敬业、执行有效 | 执行“首问负责制”，不拖延、积压，不推诿扯皮 | 基本做到 | 基本做到 | 基本做到 |
| | 敢于承担责任和过失，不掩盖工作中的问题和错误 | 基本做到 | 基本做到 | 基本做到 |
| 内部关系和谐沟通、团队合作、共享成果 | 遵守一切适用的劳动和就业法律法规 | 能够做到 | 能够做到 | 能够做到 |
| | 每位员工享有公平的上岗机会 | 能够做到 | 车间推出岗位盘活机制 | 推出岗位盘活机制 |
| | 工序服从，团队协作，准时、尽责地完成相关部门的协同工作 | 有沟通不到位现象 | 有沟通不到位现象 | 有沟通不到位现象 |
| | 认真听取、正确对待不同意见 | 基本做到 | 基本做到 | 基本做到 |
| | 尊重每位员工的工作成果，共享工作经验、方法 | 基本做到 | 经验方法传授不够 | 基本做到 |
| 公司利益财务控制、维护公司利益和资产、保护公司计算机信息网络安全 | 不做假账 | 做到 | 做到 | 做到 |
| | 各项费用列支渠道按规定执行 | 按规定执行 | 无 | 无 |
| | 保守公司秘密及其他重要的未公开的信息 | 基本做到 | 基本做到 | 无 |
| | 不以公司知识产权、工作时间或设备等资源谋取私利 | 做到 | 做到 | 做到 |
| | 合理使用公司资源，勤俭节约 | 勤俭节约行为养成不够 | 勤俭节约行为养成不够 | 勤俭节约行为养成不够 |
| | 妥善保管和使用与工作有关的资料和器材，调离岗位或离开公司时主动移交 | 能够做到 | 能够做到 | 能够做到 |
| | 注意计算机病毒防治和安全使用，不卸载或停运公司统一安装的防病毒软件和其他应用软件，不干扰、攻击他人的计算机 | 能够做到 | 能够做到 | 能够做到 |

续表

| 对象 | 标准 | 回答 | | |
|---|---|---|---|---|
| | | 管理岗位 | 技术岗位 | 操作岗位 |
| 公司利益财务控制、维护公司利益和资产、保护公司计算机信息网络安全 | 保管好各种应用系统的账号和密码,不盗用他人的账号和密码。不给未授权人员使用公司微机和网络 | 能够做到 | 能够做到 | 能够做到 |
| | 不使用因特网电子邮件传送涉及企业秘密的资料 | 能够做到 | 能够做到 | 能够做到 |
| 社会责任遵守公德、热心公益、珍视亲情 | 遵守社会公德和社会文明规范,不参与黄、赌、毒 | 做到 | 做到 | 做到 |
| | 健康生活,不参与封建迷信活动,不信邪教 | 做到 | 做到 | 做到 |
| | 节约能源,保护环境 | 勤俭节约行为养成不够 | 勤俭节约行为养成不够 | 勤俭节约行为养成不够 |
| | 热心为社区服务,支持社会公益事业 | 待调查 | 待调查 | 待调查 |
| | 继承发扬传统美德,家庭和睦、邻里友好、尊老爱幼 | 做到 | 做到 | 有个别家庭不和睦 |

## 五、岗位诚信目标群关键因素风险等级分析记录表

| 分析内容 | | 原因分析 | 后果 | 现有保护 | 风险分析 | | | 建议 |
|---|---|---|---|---|---|---|---|---|
| | | | | | 严重性 | 可能性 | 风险等级 | |
| 安全环保 | 发生了各类事故有无在规定时间如实汇报? | 有:怕批评、考核 | 在冷轧可控范围,一般可以挽回 | 车间信息流规定 | C-1 | F-4 | Ⅱ | 完善规定,程序化文件 |
| | 是否存在违反安全“十不准”规定? | 有:协力队伍有违规现象 | 有可能造成人员伤害 | 有规定但执行不到位 | C-3 | F-2 | Ⅲ | 全过程跟踪 |

**续表**

| 分析内容 | | 原因分析 | 后　果 | 现有保护 | 风险分析 | | | 建　议 |
|---|---|---|---|---|---|---|---|---|
| | | | | | 严重性 | 可能性 | 风险等级 | |
| 安全环保 | 执行制度有无被分公司考核的安环问题？ | 无 | 无 | 完好 | C-1 | F-1 | Ⅳ | |
| | 是否有信息不畅造成指标超标？ | 有：管理不到位、业务不熟 | 对厂部造成影响 | 有制度 | C-3 | F-2 | Ⅲ | 完善规程、列入诚信管理档案 |
| | 有无发生违反《冷轧厂违章记分办法》中一次记 10 分的行为？ | 无 | 无 | 完好 | C-1 | F-1 | Ⅳ | |
| | 有无违反环保管理规定，造成重大污染事件发生？ | 无 | 无 | 完好 | C-1 | F-1 | Ⅳ | |
| 设备管理 | 有无出了人身、设备事故破坏现场状态？ | 无 | 无 | 完好 | C-1 | F-1 | Ⅳ | |
| | 有无存在设备异常未到现场确认、未在计算机画面确认的行为？ | 有：到现场确认怕麻烦 | 出现设备故障，延误检修时间 | 有制度 | C-2 | F-4 | Ⅱ | 要求计算机画面和现场确认 |
| | 是否存在由于责任心问题造成质量管理方面的严重不良影响的行为？ | 有：把关不严，点检不到位 | 突发质量事故等 | 有制度 | C-2 | F-2 | Ⅳ | 按作业流程办事 |

续表

| 分析内容 | | 原因分析 | 后果 | 现有保护 | 风险分析 | | | 建议 |
|---|---|---|---|---|---|---|---|---|
| | | | | | 严重性 | 可能性 | 风险等级 | |
| 设备管理 | 有无被通报的问题未按节点整改的行为? | 有:无备件、无停机条件或人手不够,管理协调不到位 | 浪费能源 | 有制度 | C-2 | F-2 | Ⅳ | 加强业务学习,做好倾向管理 |
| | 是否存在自己承诺的一件事没有做到的行为? | 有:偶尔有忘记现象 | 对车间造成影响 | 诚信管理 | C-2 | F-1 | Ⅳ | 本人要有备忘录,重要工作相互提醒 |
| | 跑冒滴漏被检查通报后是否未按节点整改又未沟通信息? | 有:无备件、无停机条件,设备本质不好 | 设备停机 | 有制度 | C-2 | F-4 | Ⅱ | 勤检查,搞改善,做好倾向管理 |
| 违规违纪 | 是否有群众来信(来电)信访的举报查实的事件? | 无 | 无 | 完好 | C-1 | F-1 | Ⅳ | |
| | 是否有纪检监察查处的违规违纪问题? | 无: | 无 | 完好 | C-1 | F-1 | Ⅳ | |
| | 是否未按标准化作业存在弄虚作假造成质量事故? | 有:基础管理工作不熟 | 出现质量问题,延误质量检修时间。 | 有制度 | C-2 | F-2 | Ⅳ | 完善规程、列入诚信管理档案 |
| | 是否有考试作弊、代人考试现象? | 无: | 无 | 完好 | C-1 | F-1 | Ⅳ | |

续表

| 分析内容 | | 原因分析 | 后　果 | 现有保护 | 风险分析 | | | 建　议 |
|---|---|---|---|---|---|---|---|---|
| | | | | | 严重性 | 可能性 | 风险等级 | |
| 用户沟通 | 用户提出问题是否有一天内未答复现象? | 有:有时工作忙忘记现象 | 对车间造成一定影响 | 有制度 | C-2 | F-1 | Ⅳ | 要备用录音电话，推行首问责任制 |
| 用户沟通 | 是否擅自参加客户的宴席? | 无: | 无 | 有制度 | C-2 | F-1 | Ⅳ | 向上级主管领导请示 |
| 用户沟通 | 是否索取和接受客户的现金、礼品、有价赠券、回扣? | 无: | 无 | 有制度 | C-2 | F-1 | Ⅳ | |

释义:① 风险等级Ⅰ级表示风险最大,Ⅳ级最小,请参照诚信定性风险评估表。
② 岗位诚信目标群关键因素风险是从文件中摘录。

## 六、定性风险评估规则

### (一) 风险等级打分

风险评估矩阵表

高

| | | | | |
|---|---|---|---|---|
| F-4 | Ⅳ | Ⅱ | Ⅰ | Ⅰ |
| F-3 | Ⅳ | Ⅲ | Ⅱ | Ⅰ |
| F-2 | Ⅳ | Ⅳ | Ⅲ | Ⅱ |
| F-1 | Ⅳ | Ⅳ | Ⅳ | Ⅲ |
| | C-1 | C-2 | C-3 | C-4 |

严重性等级由低到高

注:风险等级Ⅰ级表示风险最大,Ⅳ级最小,风险评估打分由事件的发生频率和严重性程度(打分)后,通过的风险评估矩阵表得出。

(二) 严重性打分

**违章、违纪、违规影响后果评估矩阵表**

| 事件/影响的类别 | 后果类别 C-1<br>轻微的 | 后果类别 C-2<br>中等的 | 后果类别 C-3<br>严重的 | 后果类别 C-4<br>灾难性的 |
|---|---|---|---|---|
| 安全作业 | 微伤事故：人员伤害，“损失工作日”不到1天(未影响伤者第二天的正常工作) | 轻伤事故：人员伤害，“损失工作日”为1～104天 | 重伤事故：人员伤害，“损失工作日”超过105天 | 群伤事故：人员伤害，轻伤人数超过3人(含)或重伤人数超过2人(含)，无死亡 |
| 环保环境 | 丙类：废水总排放口排放或烟尘排放超日本内控标准 | 乙类：废水总排放口排放或烟尘排放超国家标准 | 甲类：造成土地、大气、水体污染，致使公私财产损失或人员发生轻伤事故 | 造成重大环境污染事故，致使公私财物遭受损失或者人身伤亡的严重后果行为 |
| 生产(设备)操作 | 一般生产操作(设备)事故造成影响，但未达到严重影响生产的操作事故均属一般生产操作事故 | 一般生产操作(设备)事故造成影响，造成直接经济损失在15万元内，主要机组停机时间1小时以上 | 严重生产操作(设备)事故，造成直接经济损失在15万元(含)～30万元(含)之间，主要机组停机时间4小时以上 | 重大生产操作(设备)事故，造成直接经济损失在30万元(不含)以上，主要机组停机时间8小时以上。 |
| 质量 | 造成用户出现废品，或造成主要机组(一条或以上)累计停机30～60分钟 | 影响冷轧声誉，或造成主要机组(一条或以上)累计停机60～180分钟 | 影响日本声誉或造成主要机组(一条或以上)累计停机180～360分钟 | 伤害日本声誉或造成主要机组(一条或以上)累计停机>360分钟 |
| 标准化作业 | 未按岗规等规定作业，发生安全、环保、设备、质量C-1类事故的 | 未按岗规等规定作业，发生安全、环保、设备、质量C-2类事故的 | 未按岗规等规定作业，发生安全、环保、设备、质量C-3类事故的 | 未按岗规等规定作业，发生安全、环保、设备、质量C-4类事故的 |
| 信息沟通 | 信息要求传递或回复的，没有在规定时间及时传递或回复，未造成或可以挽回损失的影响 | 信息要求传递或回复的，没有在规定时间及时传递或回复，并造成影响车间声誉的影响 | 信息要求传递或回复的，没有在规定时间及时传递或回复，并造成影响厂部声誉的影响 | 信息要求传递或回复的，没有在规定时间及时传递或回复，并造成影响分公司声誉的影响 |

## （三）可能性打分

**事件频率评估矩阵表**

| 性　质 | 频率类别 F-1<br>极不可能 | 频率类别 F-2<br>非常不可能 | 频率类别 F-3<br>不太可能 | 频率类别 F-4<br>可能 |
|---|---|---|---|---|
| 以往事故 | 没有过重大事故，非常少的轻微事故。及时地采取了整改行动 | 没有过重大事故，或许有轻微事故。找出了原因并吸取了教训 | 一次重大事故，事故原因没有完全掌握。对整改措施是否合适存有疑问 | 很多事故，未遂事件。不会从事故中学习经验教训 |
| 运行经验 | 熟悉掌握政策、法规和分公司具体要求。异常情况极少出现，出现也能及时地处理 | 异常情况不常出现。大部分异常的原因被弄清楚，处理措施有效 | 持续出现小的异常情况，对其原因没有全搞清楚或进行处理。较严重的异常情况被标记出来并最终得到解决 | 经常性出现异常情况，很多从未得到解释。异常情况还经常出现变异，对产生原因不甚清楚 |
| 培训和程序 | 清晰、明确的规程、指令和纪律。错误被及时指出并立刻得到更正。经常举办培训与辅导，内容包括正常、特殊和应急三种状态 | 关键的规程情况不错。其他的则有些非致命的错误或缺点。例行开展检查和评审，员工熟悉程序 | 规程存在，没有定期更新或进行评审。部分员工不熟悉程序。紧急情况培训程序质量差 | 对规程无认知，规程有漏洞。培训仅为口头传授，过多的口头指示。没有固定成形的规程、指令和纪律。无紧急响应培训 |
| 多道防护层 | 两道或两道以上的互相独立防护体系，不存在可靠性问题 | 两道或两道以上，其中至少有一个是可靠的 | 一道或两道（脆弱的），有一些可靠性问题，可能有共因失效的弱点 | 没有或有一道，但可靠性差 |
| 检测评定 | 检测程序有完善的书面文件，检测报告。定期检测评定，效果好、问题少 | 有定期的检测，检测可能不完全，有问题但不常见 | 不经常检测。历史上经常出问题。要求的检测实际没执行或有问题没有整改 | 检测工作不明确，有计划不执行（检测）。经常出现重复问题 |

简单的诚信行为事故发生率分类表

| 类　别 | 典　型　的　描　述 | 近似的相应量化频率 |
|---|---|---|
| F-1 极不可能 | 现实中预期不会发生 | >每5年1次 |
| F-2 非常不可能 | 预期不会发生,但一旦发生也不是不可想象的 | >每年1次 |
| F-3 不可能 | 在某个特定工厂的生命周期里不太可能发生,但有多个类似工厂时,可能在其中的一个里发生 | >每季1次 |
| F-4 可能 | 在设施的使用期内可能至少发生一次 | >每月1次 |

## 七、岗位诚信体系防护层次

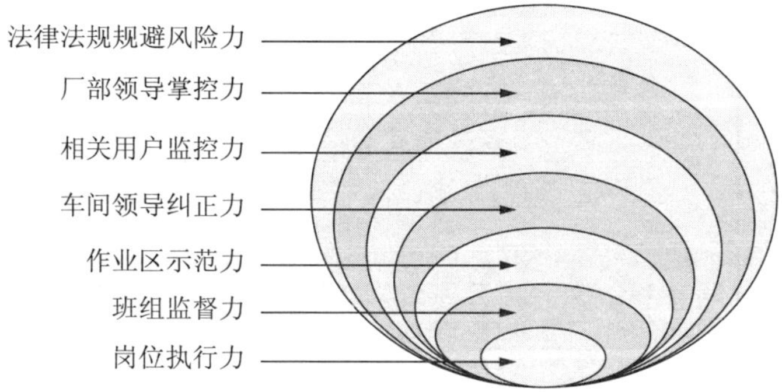


岗位诚信体系防护层次图

岗位诚信体系防护层次陈述表

| 防护层次 | 防护名称 | 诚信层防体系综述 | 存在不足 |
|---|---|---|---|
| 1 | 岗位执行力 | 按照员工的岗位操作标准 | 执行标准不力 |
| 2 | 班组监督力 | 按照班组的管理要求、标准 | 要求不高,监督不力 |
| 3 | 作业区示范力 | 按照作业长的示范要求、标准 | 待加强 |
| 4 | 车间领导监控力 | 车间的管理文件 | 学习、培训、检查 |
| 5 | 上下工序用户沟通力 | 按照工序流程的要求、标准 | 信息沟通不及时、不准确 |
| 6 | 厂部领导掌控力 | 按照厂部管理文件 | 深入岗位、班组不够 |
| 7 | 法律法规规避风险力 | 国家、相关行业的法律法规 | 学习、要点辅导 |

## 八、诚信防范措施汇总表

| 序 | 标准 | 风险回答 | 建议来源 | 风险防范措施 | 防范责任人 | 跟踪确认效果 |
|---|---|---|---|---|---|---|
| 1 | 认真做好每一件事，严格执行制度、规定和规程 | 规定不熟悉，执行有时有偏差 | 通用诚信危害性调查表 | 车间领导参加班组学习，辅导沟通制度、规程 | 当事人<br>“二长” | 车间、职能部门 |
| 2 | 对自己和他人的人身安全负责，按标准化作业 | 标准化作业有执行不到位现象 | | 做到作业前三个确认：对安全制度交底确认、现场环境确认、员工行为确认 | 当事人<br>“二长” | 车间、职能部门 |
| 3 | 工作专注、高效，恪尽职守，持续改进 | 工作准备不充分，工作效率不高 | | 充分准备，检查确认。强化训练一次把工作做好，提高工作效率 | 当事人<br>“二长” | 车间、职能部门 |
| 4 | 工序服从，团队协作，准时、尽责地完成相关部门的协同工作 | 有沟通不到位现象 | | 信息传递及时、准确、到位，强化首问责任制 | 当事人<br>“二长” | 车间、职能部门 |
| 5 | 尊重每位员工的工作成果，共享工作经验、方法 | 经验方法传授不够 | | 发现问题编制案例，建立能介车间网上技术共享平台 | 当事人<br>“二长” | 车间、职能部门 |
| 6 | 合理使用公司资源，勤俭节约，节约能源，保护环境 | 勤俭节约行为养成不够 | | 每人提一条行为养成格言，落实到行动上，遵守行为养成标准 | 当事人<br>“二长” | 车间、职能部门 |

续表

| 序 | 标　准 | 风险回答 | 建议来源 | 风　险　防　范　措　施 | 防范责任人 | 跟踪确认效果 |
|---|---|---|---|---|---|---|
| 7 | 发生了各类事故有无在规定时间如实汇报？ | 耽误处理时间，造成损失 | 岗位诚信目标群关键因素风险等级分析记录表 | 通过电话、邮件反映，并有记录 | 当事人<br>“二长” | 车间、职能部门 |
| 8 | 是否存在违反安全“十不准”规定？ | 有可能造成人员伤害 | | 施工高危作业全过程跟踪 | 当事人<br>“二长” | 车间、职能部门 |
| 9 | 有无存在设备异常时未到现场确认、未在计算机画面确认的行为？ | 有可能造成设备伤害 | | 设备异常，必须到现场确认、在计算机画面确 | 当事人<br>“二长” | 车间、职能部门 |
| 10 | 是否存在由于责任心问题造成质量管理方面的严重不良影响的行为？ | 出现质量问题，延误质量检修时间 | | 在制氢、煤气、蒸汽停送、检修前要做好预案 | 当事人<br>“二长” | 车间、职能部门 |
| 11 | 有无被通报的问题未按节点整改的行为？ | 浪费能源 | | 跑冒滴漏被检查通报后，要现场跟踪，按节点整改 | 当事人<br>“二长” | 车间、职能部门 |
| 13 | 岗位执行力 | 执行标准不力 | 岗位诚信防护层次 | 按照员工的岗位操作标准 | 当事人<br>“二长” | 车间、职能部门 |
| 14 | 班组监督力 | 要求不高，监督不力 | | 按照班组的管理要求、标准 | 当事人<br>“二长” | 车间、职能部门 |
| 15 | 车间领导监控力 | 学习、培训、检查 | | 车间的管理文件 | 当事人<br>“二长” | 车间、职能部门 |
| 16 | 上下工序用户沟通力 | 信息沟通不及时、不准确 | | 按照厂部管理文件 | 当事人<br>“二长” | 车间、职能部门 |

## 九、定性后果分析档案表

| 区域 | 序号 | 标准 | 诚信行为描述 | 失信行为描述（主观故意、客观行为一致） | 失误行为描述（主观无意、客观事实） | 受影响的程度 | | 受影响的程度 | | 可能的受害方式 |
|---|---|---|---|---|---|---|---|---|---|---|
| | | | | | | 有事实无后果 | 有事实有后果 | 企业内 | 企业外 | |
| ××单元 | | | | | | | | | | |
| | | | | | | | | | | |
| | | | | | | | | | | |
| | | | | | | | | | | |
| | | | | | | | | | | |
| | | | | | | | | | | |
| | | | | | | | | | | |

## 十、季度诚信管理运作表

单位：　　　　姓名：　　　　日期：2008年3月28日

| 规定示范 | 具体内容 | 运作载体 | 载体描述 | 结果 |
|---|---|---|---|---|
| 纠正型 | 上级指示 | 上级的指示，坚决落实 | 3月27日完成对煤气制氢区域的安全检查 | 检查出问题已及时整改，属设备问题已与设备沟通解决 |
| | 反映问题 | 员工反映的问题有对策实施 | 员工反映岗位培训形式枯燥，培训效果不佳 | 采用案例形式对轮岗人员进行培训，3月份完成案例3个，图文并茂，质量较高，员工反映通俗易懂 |
| 协同型 | 团队协作 | 组织一个团队，对项目节点进行量化，有分工协同要求 | 建立循环水工业水消耗控制团队 | 1. 分析工业水消耗较高的原因，制定对策；<br>2. 通过自主管理活动进行实施对策，目前取得49.74万元的经济效益 |
| | 服务用户 | 五个一：一张笑脸、一刻钟到现场、一块抹布随手擦、一次施工、清场不返工、一个工作日内反馈用户提出的问题，明确整改对策、节点。 | 用户提出问题及时反馈，用户有疑问立即到现场解决 | 208、308、312机组吹扫压缩空气中含水量大，主动到现场配合生产方进行协调处理，并做到每轮次进行检查、放水 |
| 执行型 | 率先学习 | 有一年的学习计划，阶段小结 | 加强废水岗位和五冷轧制氢岗位的学习 | 建立岗位学习计划，每班到废水岗位，每轮次到五冷轧制氢站建设工地进行学习 |

续表

| 规定示范 | 具体内容 | 运作载体 | 载体描述 | 结果 |
|---|---|---|---|---|
| 执行型 | 执行制度 | 将制度模块化、活化，通过量化指标进行布置，并对照标准进行检查评价 | 严格执行各项管理制度，加强对管辖范围的巡检抽查，发现问题按规章制度进行考核 | 每月按车间基础管理要求进行检查，3月份截至20日检查出问题105项，属职能范围的已全部整改 |
| | 维护利益 | 资源分级管理，降低资源流失风险 | 按公司、厂部、车间要求进行资源管理 | 在与公司外、车间外人员进行交流时，严格维护公司、车间利益 |
| 引领型 | 科学决策 | 民主决策：要对事物的过去、现在和发展有客观的认识和分析 | 针对车间出台的员工绩效考评制度，利用副班的机会，与作业区全体人员进行讨论。 | 对相关绩效指标进行说明，同时将员工提出的异议汇总向车间反映，3月份车间最终稿中采纳了这些意见，同时员工也表示赞同 |
| | 关注大局 | 建立一个满足大局需求的环境，工作重点围绕大局需求开展 | 对应公司提出管理方针中新增的节能降耗内容，在作业区集思广益、发动员工积极参与 | 作业区人人参与，共提出节能合理化建议11项，自主管理2项，目前取得良好效果 |
| | 培养人才 | 以多岗位培训为切入点，通过对设备案例编写，跨机组实践，选拔出有管理思路、会实干的优秀人才 | 对作业区人员进行轮岗培训，制定年度计划，每月进行跟踪，并且根据实际情况进行调整，确保培训效果 | 作业区创新方面取得了突破性成果，获得全国自主管理一等奖，并且有多人在车间创新评比中名列前茅。作业区某某获得车间盘活机制评比第一名的好成绩 |

续表

| 规定示范 | 具体内容 | 运作载体 | 载体描述 | 结果 |
| --- | --- | --- | --- | --- |
| 自选示范 | 人事盘活引领创新 | 充分利用作业区员工的特长，利用人事上的多重激励，盘活技能和岗位的不足。坚持创新的主线，力争更好成绩 | 1. 随着项目的建设，新劳动法的实施，岗位上人员的调配和技能明显不足，需要进一步提高；<br>2. 积极推进作业区创新工作，使作业区创新工作遍地开花。要求自主管理走出公司，技术创新有零的突破 | 1. 一班、二班有两名员工进行换岗作业培训，目前效果明显，并且从捉襟见肘的人员安排中挤出一名员工主动要求参与五冷轧调试，为以后开工的培训打下坚实的基础<br>2. 合理化建议完成20条，并力争多获厂部现场改善名次 |
| 备注 | | | | |

# 附件二

## 员工技能体检报告

照片

姓名：　　　　　　　　年龄：

诊断日期：　　　　　　岗位：

您________年的能力素质和技能水平体检情况如下：

评价指标/单位：学历水平：初中及以下 0 分，高中/技校/中专 1 分，大专 1.5 分，本科及以上 2 分；技能等级：无等级 0 分，初级 0.5 分，中级 1 分，高级 2 分，技师 3 分，高级技师 4 分；岗位知识：未掌握 0 分，掌握不全面或不熟练 25%×岗位标准分值，基本掌握 60%×岗位标准分值，全面熟练掌握 80%×岗位标准分值，熟练掌握并有效运行 100%×岗位标准分值；技能延伸：持有相关岗位有效操作证，且能够上岗操作；岗位操作：正常作业能力未掌握 0 分，基本掌握 60%×岗位标准分值，熟练掌握基本掌握 70%×岗位标准分值分，熟练掌握并能手动/自动操作熟练掌握基本掌握 80%×岗位标准分值分，精准操作且业绩优熟练掌握基本掌握 100%×岗位标准分值分。

| 体检模块 | 体检项目 | 鉴定要点 | 权重 | 岗位标准分值 | 实际体检状况 | 实际体检分值 |
|---|---|---|---|---|---|---|
| 基本素质（5%） | 学历水平 | 初中及以下 0 分，高中/技校/中专 1 分，大专 1.5 分，本科及以上 2 分 | 2% | 2 | | |
| | 技能等级 | 无等级 0 分，初级 0.5 分，中级 1 分，高级 2 分，技师 3 分，高级技师 4 分 | 3% | 3 | | |
| 岗位知识（10%） | 1. 安全作业规定动作 | BGFG-AEN0-003-001-005-001　1.23.4　钢丝绳报废标准等 | 3% | 0.5 | | |
| | 2. 环保规定 | BGFG-AEN0-003-001-005-001　1.3　磨床磨削料废弃物排放：必须排放到车间废料斗内，由规定单位拉去处理 | 1% | 0.5 | | |

续表

| 体检模块 | 体检项目 | 鉴定要点 | 权重 | 岗位标准分值 | 实际体检状况 | 实际体检分值 |
|---|---|---|---|---|---|---|
| 岗位知识（10%） | 3. EDT 作业控制 | BGFG-AEN0-003-003-004-004 1.1.1.1 质量内容：擦干净辊面绝缘油，轧辊旋转，用肉眼检查辊面，无刀化、等缺陷 | 1% | 0.5 | | |
| | 4. 森辊磨床作业准备 | BGFG-AEN0-003-003-007-001 1.1.4 砂轮试运转注意事项：启动后砂轮须空转；砂轮注意前方不能有人 | 1% | 0.25 | | |
| | 5. 主操：粗糙度测量仪参数设置 | BGFG-AEN0-001-002-002-002 2.4 测量 Pc 值的门槛值：±0.63 μm | 1% | 1 | | |
| | 6. 主操：磁粉探伤 | BGFG-AEN0-001-002-002-003 2 擦干净探伤部位及周围，同一方向“扫描”，使工件表面带磁性 | 1% | 1 | | |
| 岗位操作（64%）正常操作 6 项，主操作 8 项 | 1. 磨削前的准备作业 | BGFG-AEN0-003-003-007-001 1.1.2.6 磨床砂轮静平衡操作过程：观察其静止时的位置 | 8% | 2 | | |
| | 2. 轧辊磨削作业 | GFG-AEN0-003-003-003-003 1.1.7 测量尺校零 | 4% | 2 | | |
| | 3. 轧辊磨削后质量检查 | BGFG-AEN0-005-003-004-001 1.2.5 喷丸机轧辊质量检查，轧辊旋转速度不得大于 20 转/分 | 8% | 2 | | |
| | 4. EDT 打毛前的准备作业 | BGFG-AEN0-003-003-004-001 2030/1730 1.2.1 更换电极步骤：手动伸出 4 个伺服头，以防电极座松动 | 6% | 3 | | |
| | 5. 轧辊打毛 | BGFG-AEN0-003-003-004-002 1 自动打毛前注意事项：清洁轧辊辊颈支撑部位；确认轧辊类型、轧辊程序 | 8% | 4 | | |
| | | BGFG-AEN0-003-003-004-003 1.1.2 手动打毛操作步骤： | | 4 | | |

续表

| 体检模块 | 体检项目 | 鉴定要点 | 权重 | 岗位标准分值 | 实际体检状况 | 实际体检分值 |
|---|---|---|---|---|---|---|
| 岗位操作（64%）正常操作6项，主操作8项 | 6. 轧辊打毛后质量检查 | YAEN02602020 BGFG-AEN0-003-003-004-004　1.1.1　辊面质量检查：用肉眼检查辊面，无刀化、振动纹、小亮点和色差等缺陷 | 6% | 3 | | |
| | | | | 3 | | |
| | 7. 森辊磨削前准备作业 | BGFG-AEN0-003-003-007-001　1.1.2.6　磨床砂轮静平衡操作过程：观察其静止时的位置 | 8% | 2 | | |
| | 8. 森辊轧辊磨削作业 | BGFG-AEN0-003-003-007-002　超声波表面裂纹检测方法 | 6% | 3 | | |
| | 9. 森辊轧辊磨削后的质量检查 | YAEN02602020 BGFG-AEN0-003-003-007-004　1.2.1　磨削后表面质量的检查：无振动纹、刀花印和轮胎印等缺陷 | 5% | 2.5 | | |
| | 10. 主操：表面波探伤 | BGFG-AEN0-001-002-002-003　1.2.1　取出标定块 | 5% | 5 | | |
| | 1. 自立项目挂牌 | 磨床自立项目包括：更换砂轮、更换过滤纸、更换电极。 | 2% | 2 | | |
| | 2. 三方挂牌 | 确定检修牌挂牌位置、数量；确保设备处于安全状态…… | 2% | 2 | | |
| | 3. 行车指吊作业 | BGFG-AEN0-003-001-005-001　1.9　轧辊吊运钢丝绳挂法：采用“手背靠钢丝绳”手法，以免拉、挤、压伤手指 | 3% | 3 | | |
| | 4. 主操：磨削量出现负值处理 | BGFG-AEN0-003-003-003-004　管理计算机中发现磨削量出现负值时，应重新校尺，并再次测量轧辊直径 | 2% | 2 | | |
| | 5. 主操：轧机、爆辊后的轧辊处理 | BGFG-AEN0-003-003-005-002　2.5　凡在轧机、平整机发生爆辊事故的，都必须将事故机架的所有轧辊进行更换 | 3% | 3 | | |

续表

| 体检模块 | 体检项目 | 鉴定要点 | 权重 | 岗位标准分值 | 实际体检状况 | 实际体检分值 |
|---|---|---|---|---|---|---|
| 技能延伸（5%） | 岗位工作经历 | 持有相关岗位有效操作证，且能够上岗操作 | 5% | 5 | | |
| 合计 | | | 100% | 100 | | |

技能素质指数 $=\dfrac{\sum(\text{各体检项目实际体检分值}\times\text{本项目权重})}{\sum(\text{各体检项目基本目标分值}\times\text{本项目权重})}$

技能体检结论：熟练掌握本岗位的相关工作并能有效的处理。

技能健身处方：
①在不断学习稳固操作前提下，尽快全面熟练掌握轧辊磨削能力，同时在明年三季度季度参加轧辊维护上岗培训，成为一名有效磨辊全能工。②在取得高级轧辊磨床操作工前提下，业余时间自主学习争取获得轧辊维护高级技能鉴定。

作业长：　　　　分厂车间领导审核：

**重点带教人员技能提升计划**

姓名： 工号： 年龄： 岗位： 诊断日期：2011年3月

| 技能短板 | 处方 | 培训项目 | 培训方式 | 责任人 | 时间点 | 提升目标 | 目标自评 |
|---|---|---|---|---|---|---|---|
| 短板1 | 处方1 | 轧辊磨削后的质量检查 | 旁站指导 | 李四 | 2011.9 | 熟练独立完成引流作业 | 已完成 |
| | | 项目2 | | | | | |
| | | … | | | | | |
| 短板2 | 处方2 | 项目1 | | | | | |
| | | 项目2 | | | | | |
| | | … | | | | | |
| 备注 | | | | | | | |

## 附件三

**毛展宏提供培训案例**

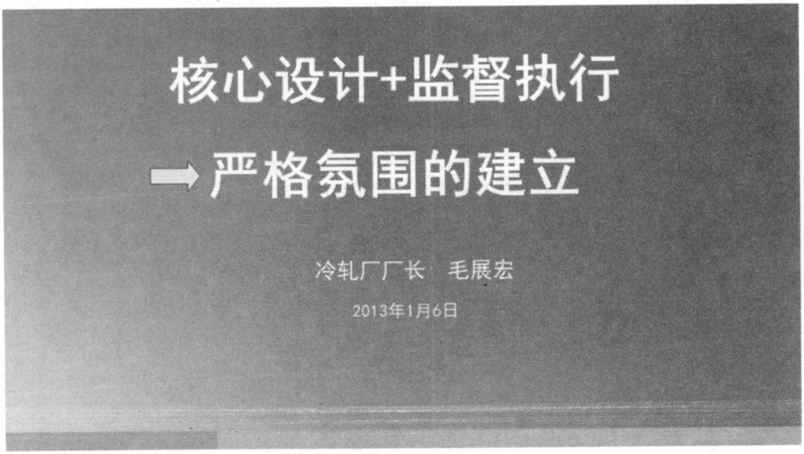

## 前言

C908 机组焊缝未按规程规定进行折弯试验带来的思考

**现象** ➪ 巡检组发现问题 → 第一时间认定为执行偏差 → 调研 94% 认为未违反 →（基于责任和严格的要求）→ 工作组认定违反

**思考** ➪ 问题 1. 我们的导向不鲜明:做? 做好?
问题 2. 我们的能力不够:错在哪? 为什么错?

**风险** ➪

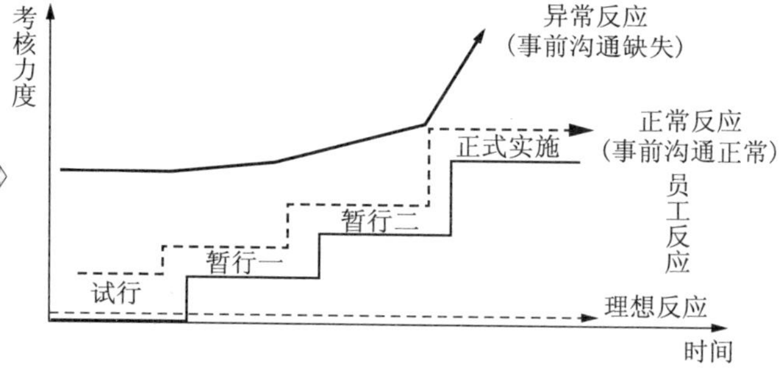


风险 1. 员工本能的反弹、不理解
风险 2. 后果事故仍较多

**目标** ➪ 建立氛围,明确导向

**能力** ➪ 管理者能力提升

**转变** ➪ 员工接受——→员工理解、认可

## 一、整体设计

1. 工作目标

### 标准化作业严格氛围的建立

氛围：

在绝大多数作业区建立正确的导向　　　契约精神

在绝大多数员工内心形成正确的是非观　　　尽责负责

2. 如何实现目标

□ 形成一套方法

核心设计＋监督执行

□ 明确阶段目标

三个为零

□ 制定约束制度

《处置规定》

## 标准化作业推进工作总体策划

◆ 核心设计＋监督执行

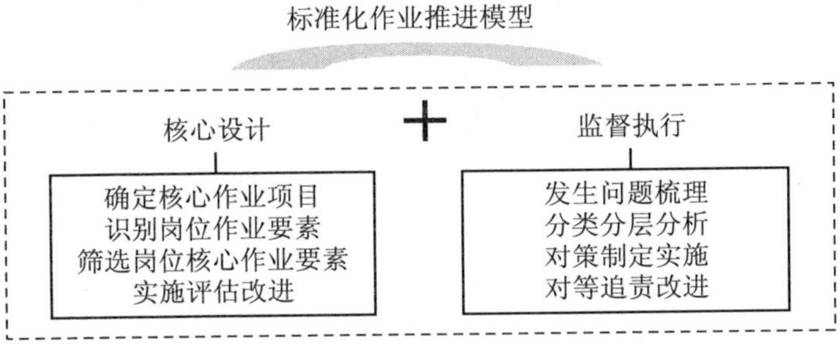


阶段一：2012 年 9 月—2013 年 8 月，核心设计＋监督执行总体思路的设计、沟通和形成共识。制定推进模型、三个为零及处置意见的明确、形成核心要素的规范管理；核心要素试行阶段的评估和暂行阶段前的准备。

阶段二：2013 年 9 月—12 月，督促核心要素执行习惯养成。

阶段三：2012 年 9 月—　　，发生问题梳理和分类分层分析，采用 5WHY、5D 方法。从 8 月份开始，厂部带头开展 AA 类问题的分析、管理。

阶段四：2014 年 1 月—　　，举一反三工作的推进。各职能部门结合 2013 年发生的问题，策划 1—2 项 2014 年开展的举一反三工作。

阶段五：2014 年 1 月—　　，核心设计＋监督执行的闭环管理。核心要素的增减等。

## 二、阶段总结思考

1. 阶段成果

| | |
|---|---|
| 观念上 | □ 要不要推进标准化作业？Yes!<br>□ 要不要推进岗位核心要素设计？Yes!<br>□ 要不要两手抓，两手都要硬？Yes!<br>□ 要不要对等原则？Yes! |
| | 知✓　会？　愿✓ |
| 工作上 | □ 完成了 172 个岗位的岗位核心要素识别，共识别出 1 006 条核心要素，员工签订执行承诺书，9 月 1 日开始实施；<br>□ 制定了厂部巡检＋分厂检查的全覆盖检查模式，督促核心要素执行的行为习惯养成 |

2. 问题思考

□ 具体案例思考

➢ 案例一：2030 单元 4—1 行车虚假点检

思考 1：管理者的事前沟通有效吗？

➢ 案例二：C908 机组焊缝未按规程规定进行折弯试验

思考 2：员工有责任学习与核心要素相关的规定吗？

➤ 案例三:C502 机组无法确认带头运行与包入卷筒的情况

思考 3:两种核心要素作业出现重叠时,应该如何处理?

➤ 案例四:C311 机组入口焊接岗位测量来料规格千分尺损坏

思考 4:重要工器具出现问题时,员工应该怎么做?

➤ 案例五:C612 机组出口卷取岗位漏记录校称作业

思考 5:员工准备好了吗?

➤ 案例六:C312 机组没有涂油异材事件

思考 6:管理者尽责了吗?

➤ 案例七:C612 机组擦边开炉事件

思考 7:标准化作业氛围建立了吗?

□ 模拟场景思考

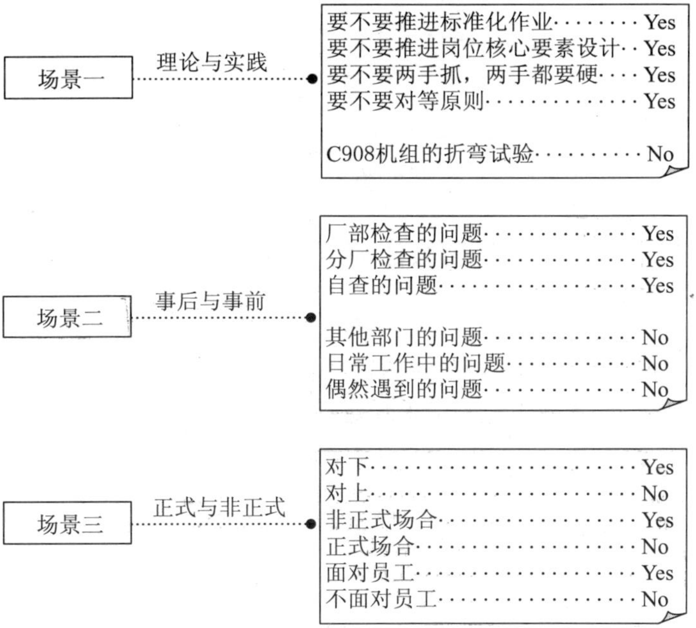


**思考:**在不同的场景中为什么管理者的角色在变化

□ 三次培训思考

➢ 作业长理事会成员培训

➢ 部门行政领导培训

➢ 部门书记培训

**思考:**具体实践中,管理者具备说清楚为什么的能力吗?

3. 风险思考

**存在的风险**

□ 员工做好准备了吗?

□ 管理者做好准备了吗?

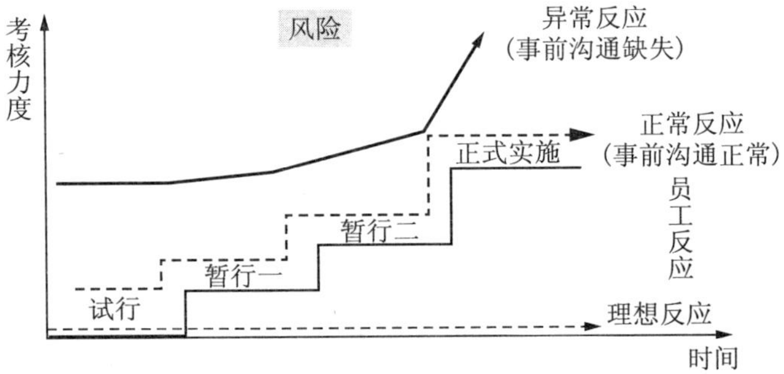


**是否会出现新的两张皮?**

管理者和执行者的内心想法不一致,没有形成正确导向。

(1) 核心要素成为废纸;

(2) 处置规定成为纸上规定;

(3) 后果事故依旧发生。

## 三、下阶段工作策划

1. 改变思维模式

**学会应用对等原则**

对等原则：

从问一个问题到问两个问题

从问谁的责任到问管理者的责任是什么、执行者的责任是什么

2. 明确管理者责任

**分厂厂长、书记**

**分厂作业长**

- □ 部门领导要训练作业长具备正确引导员工，树立部门正确导向的能力，这是部门领导的责任
- □ 严格的模型

管理者的三种追责认定
- ➢ 管理缺失
- ➢ 能力不足
- ➢ 瑕疵

| 对　象 | 事前(核心设计) | | 事后(重点问题) |
|---|---|---|---|
| 执行者 | 人性化 | 策划、沟通、培训 | 实事求是<br>制订对策 |
| | 严格 | 执行、落实责任 | 分析原因、执行措施<br>对等追责 |
| 管理者 | 严格 | 策划、沟通、培训 | 对等追责；实事求是，找到真因，PDCA，举一反三，树立导向，正确考核 |

C312漏涂油　设备行车

追责：由于策划导致的管理缺失，追究管理责任

3. 能力训练

- □ 策划组织案例实战应用训练

**范例:C908 机组焊缝月牙弯折弯试验实战分析案例**

| 案　　例 | 是非判定 | 执行者责任 | 管理者责任 |
|---|---|---|---|
| **实战案例一:**C908机组的焊缝月牙弯折弯试验:技术规程规定至少折弯2次,而实际只折弯了1次。 | 违反核心要素 | 核心要素受控于规程,执行者有责任学习掌握核心要素相关规程的具体实施标准,这是执行者的岗位职责。执行者违反核心要素,按照规定考核并制定改进措施。 | **管理瑕疵。**事前做过沟通、培训,但是核心要素可以进一步简明扼要写清楚具体折弯要求,属于管理瑕疵,需要组织员工学习、举一反三,实施改善 |

关键词:责任

□ 2014 年 1、4 月份策划对管理者能力提升的研修培训

□ 建立严格的标准化作业氛围的方法

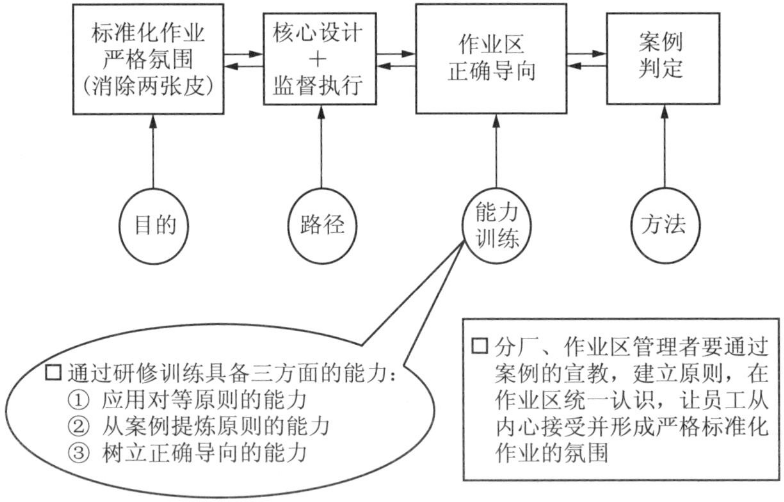

## 违反核心要素、事故分析案例

| 案　　例 | 判定 | 执行者责任 | 管理者责任 | 引导原则及教训 |
|---|---|---|---|---|
| **案例一：**C502 机组发现卷取工在钢卷检查台进行打磨作业时，机组生产剪切时，该操作工无法有效查看带头运行与包入卷筒情况，而且操作人员不在卷取操作面板处，如有异常情况无法立即按下出口段停机按钮。 | 违反核心要素 | 约定为本岗位的核心要素，100%执行到位是员工的职责。在执行上存在困难的必须事前报告沟通，这是执行者的责任，是契约精神的体现，否则就是违反核心要素。 | **管理瑕疵。**事前策划、沟通培训中，管理者针对核心要素执行过程中可出现特殊情况要进行合理安排。属管理瑕疵。 | **引导原则：**员工在客观条件上存在困难，无法履行核心要素时必须进行报告，否则就是违反。<br>**提示：**执行者在执行核心要素过程中遇到特殊情况无法 100%执行时，要及时向管理者报告。管理者的职责是对特殊情况要做出合理的安排。 |
| **案例二：**C311 机组发现，入口岗位虽进行厚度测量，但其使用的千分尺头部螺旋损坏（微调功能丧失），且该千分尺液晶读数显示模糊不清，机组也未及时报修或更换处置 | 违反核心要素 | 千分尺作为执行核心要素所需的重要工器具，是确保核心要素执行到位的必要手段，重要工器具出现故障时，执行者必须立即告知当班管理者处置、响应，这是执行者的责任，否则就是违反核心要素。 | **管理瑕疵。**管理者在事前的培训中对员工要求要明确：核心要素要 100%执行，且要执行好，执行条件不足时必须及时报告，否则就是违反核心要素，并开展督查工作。属于管理瑕疵。 | **引导原则：**核心要素的执行过程中出现诸如工器具损坏等条件不足的问题应及时向管理者报告，否则就是违反。<br>**提示：**核心要素作业所需工器具功能正常才能确保核心要素有效执行，当工器具出现故障或损坏时必须立即报告当班管理者。管理者有责任告知执行者如何处置。 |
| **案例三：**C612 机组尾操岗位未对校秤结果进行记录 | 违反核心要素 | 校秤结果记录是重要的判定依据且是核心要素中明确要做到的内容，100%执行到位是执行者的职责。执行者没有做到就是违反核心要素。员工需要不断学习，提升技能和自己训练确保核心要素执行好。 | **管理瑕疵。**从降低员工出错的概率的角度出发，管理者可以考虑采用本质化改善，将校秤结果在 PDA 中体现，减少手工作业。开展督察确保员工行为习惯养成。属于管理瑕疵。 | **引导原则：**核心要素写明的作业内容，即使不属于“核心作业”，未执行就是违反，这是契约精神的体现。<br>**提示：**管理者尽可能给员工创造条件，避免疏忽或遗漏导致的违反核心要素；要求员工手工记录数据作业能否通过本质化的角度进行改善。 |

续表

| 案　例 | 判定 | 执行者责任 | 管理者责任 | 引导原则及教训 |
|---|---|---|---|---|
| **案例四:**C908 机组的焊缝月牙弯折弯试验:技术规程规定至少折弯 2 次,而实际只折弯了 1 次。 | 违反核心要素 | 核心要素受控于规程,执行者有责任学习掌握核心要素相关规程的具体实施标准,这是执行者的岗位职责。执行者违反核心要素,按照规定考核并制定改进措施。 | **管理瑕疵。**事前做过沟通、培训,但是核心要素可以进一步简明扼要写清楚具体折弯要求,属于管理瑕疵,需要组织员工学习、举三反三,实施改善。 | **引导原则:**核心要素相关规程要求没有执行,等于核心要素没有有效实施,就是违反。<br>**提示:**执行者有责任学习与核心要素相关的规程规定的实施标准。 |
| **案例五:**2013 年 6 月 8 日 13:30 安保组检查发现:罩式炉 4-1 行车大车行走轮联接轴缺少三个联接螺栓,另有一个联接螺栓断,同时还有一个联接螺栓松动。15:20 分通过 EQMS 查询 4-1 行车点检标准和点检履历情况进行,系统画面显示 6 月 8 日当天实施了周期点检(每月一次),结果正常。 | 弄虚作假 | 在三个为零的处置办法出台前,事前组织了全员大讨论,并履行民主程序通过后开始逐步实施,执行者没有结合自己的工作认真审视、事前反映、沟通,知其而为之,缺乏契约意识,作了虚假记录就应该承担相应的责任。 | **管理缺失。**事前要求管理者要与员工一对一沟通,从这件事中反映出管理者的沟通缺乏有效性。批处理在设备管理的大体系要求下有可能存在较多的信息失真,而管理者在事前策划、沟通中未能认真思考、识别,属管理缺失。回归原点思考,我们推进三个为零的目的是营造严格的标准化作业氛围,而不是为三个为零而改变点检周期,设备系统应根据自身特点制定弄虚作假类别。 | **引导原则:**实际操作行为触犯约定的弄虚作假规定,就是弄虚作假行为。<br>**提示:**管理者事前沟通中没有对设备管理体系中要求点检批处理操作普遍存在虚假问题进行识别和应对,属于管理缺失。今后对该类问题对管理者同等追责。执行者对作业中存在的弄假作假问题必须事前向管理者反映、沟通,否则就是自己承担责任。 |

续表

| 案　　例 | 判定 | 执行者责任 | 管理者责任 | 引导原则及教训 |
|---|---|---|---|---|
| **案例六：**C312 机组烟台通用内板合同 L3EC009040 出现批量锈蚀。 | 异材 | 执行者在流出环节的检查确认上存在缺失导致问题产品流出，应该承担岗位责任。 | **管理缺失。**管理者在产生环节上对油箱缺乏管理导致油箱缺油后产品表面未涂油，属典型的管理缺失。 | **引导原则：**导致漏涂油问题发生的主因在产生环节。而对油箱的管理不到位是产生环节的根本原因，是明显的管理缺失。<br>**提示：**管理者在事前策划工作必须尽责，今后对该类问题对管理者追责。 |
| **案例七：**C612 机组擦边开炉事件 | 操作事故 | 执行者未执行规程规定“切断炉内张力，并立即(切断炉内张力后 10 秒钟之内)执行带钢回送程序”，按照经验侥幸操作，是明显的操作责任事故。 | **管理能力不足。**管理者在严格的标准化作业氛围的建立上缺乏有效手段。对于此类后果严重但是操作频度不高的异常作业，沟通、培训不够。属管理能力不足。 | **引导原则：**核心设计的目的是建立严格的标准化作业氛围，不是放松对其他岗位规程中规定的要求，对其他违反标准化作业的行为按照监督执行方案，要进行问题分层分类分析，找到真正原因并改进，按照后果管理文件追责。<br>**提示：**要求核心要素 100%执行的最终目的是要树立严格的标准化作业氛围，要求执行者认真按照规定操作。对操作类事故，管理者要具备判定导致事故的原因是员工的技能问题还是员工的责任问题，对责任心问题必须从严问责。 |

案例原则集合

| 执行者原则 | | 来源案例 | 管理者原则 | | 来源案例 |
|---|---|---|---|---|---|
| 原则一 | 执行过程中出现不能履职的情况必须进行报告 | 案例（C502/C311） | 原则一 | 对员工报告的不能履职的情况要及时作出反应计划 | 案例（C502/C311） |
| 原则二 | 约定的核心要素及形成契约的三个为零的规定必须100%执行到位 | 案例三（C612/4-1行车） | 原则二 | 在三个为零的相关工作中，事前未有效沟通、识别出管理体系中固有的特殊原因，就是管理缺失 | 案例五（4-1行车） |
| 原则三 | 学习与核心要素相关的规程规定是执行者履行岗位职责中应尽的责任 | 案例四（C908） | 原则三 | 由于事前策划存在明显疏漏导致的后果事故，属管理缺失 | 案例六（C312） |

另外：案例七提醒我们，核心设计的目的是建立严格的标准化作业氛围，而不是放松对其他岗位规程中规定的执行要求，对其他违反标准化作业的行为按照监督执行要求，分析原因，制定对策，根据后果要严肃对等追责改进。

□ 变革管理成功的模型

$$E = Q \times A$$

群众路线确保变革管理成功

导向：

培养员工事前与问题较真的精神，形成上下同心，树立正确导向

4. 标准化作业推进路线图

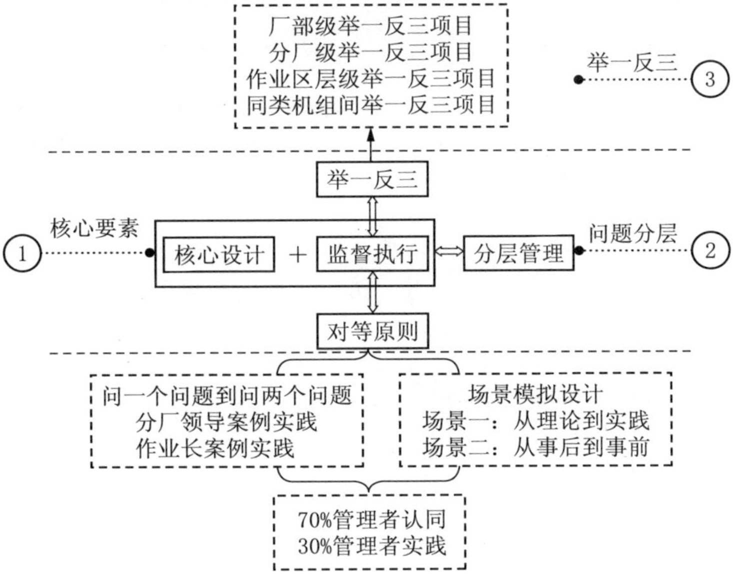


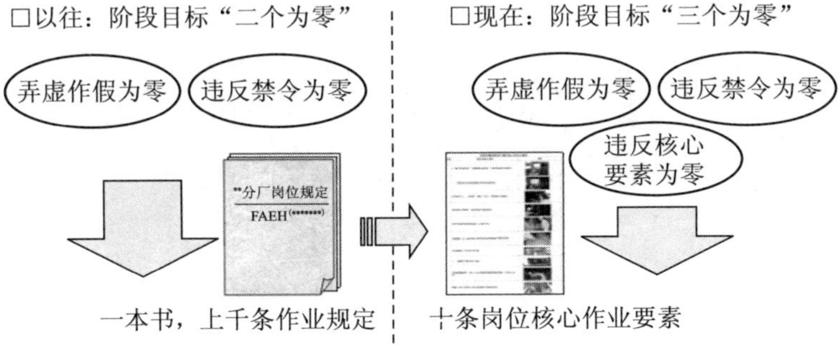

□ 最终目标：实现“违章为零”，是建立标准化作业严格氛围

标准化作业推进模型

核心设计 + 监督执行

| 核心设计 | 监督执行 |
|---|---|
| 确定核心作业项目<br>识别岗位作业要素<br>筛选岗位核心作业要素<br>实施评估改进 | 发生问题梳理<br>分类分层分析<br>对策制定实施<br>对等追责改进 |

监督执行：1. 事前：督察核心要素执行情况，促使执行核心要素的行为习惯养成；
2. 事后：对发生的问题进行分类分层分析，找到真正原因，制定对策，实施改进并对等追责，促使严格标准化作业氛围形成。

## 四、未来设想

冷轧精神：
- 认真苛求　坚持不懈
- 高效协同　追求卓越

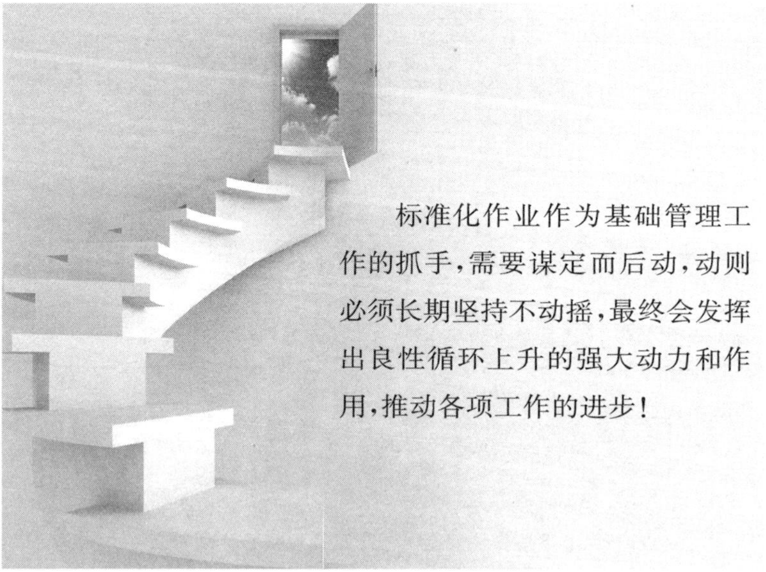

# 后记

《企业文化的五行法则——第 24 条潜规则》一书是笔者长期在基层管理实践中的工作经验、工作笔记、读书心得等回顾与重新编排，也仅仅是一家之言，所以，在叙述过程中，难免有不少错误。

本书有些观点是引用了一些学者观点，一时求证不到是出于哪一本书，希望读者谅解。

本书的重点是叙述企业文化建设的重要性。企业文化建设是企业管理今后发展的主流趋势，管理者必须重视趋势发展，采取有效的对应策划战略，而企业文化法则的运行，又告诉我们，企业的许多困惑，可以通过加快企业文化建设的步伐，运用企业文化法则的管理，得到有效的解决。

本书提出的企业文化法则的理念、目标、制度、标准、行为五要素，它既是一种思路、方法，又可以视同企业文化管理的一种模式；它既可以针对个体，又可以针对团队；它既可以针对企业内部，又可针对企业外部；它既可以自传运行，又可兼容运行；它既可以用来分析问题，又可用来解决问题。企业通过文化管理来解决问题，能使企业更有执行力、创造力、生命力。

企业文化法则的运行的亮点是企业诊断，当一个企业效益走下坡路的时候，运用企业文化法则去诊断，很快就能找出企业存在的主要问题，是理念没有得到员工认可？是目标不明确？是制度不完善？是标准操作性不强？是员工行为没有养成？等等。不管哪个环节出了问题，就应以哪个环节作为起点，进行五要素闭环管理。从而提升管理者文化运行管理能力，提升员工的综合素质，打造世界一流的员工队伍，实现企业的目标。

# 感谢

本书在写作过程中，得到领导、同事、朋友的关心，在此表示感谢！

感谢原宝钢党校常务副校长莫臻对本文的框架、结构、逻辑等方面作了具体指导。

感谢宝钢集团公司原总经理助理，人力资源部（组织部）部长郭斌，安排我到“卓越人才发展小组”工作，担任高级人才评估师，通过对后备高级人才的交流，使我对企业管理的认识有了新的视野。

感谢原宝钢集团原人力资源部（组织部）副部长陈英颖，组织的社会“工作坊”和人力资源管理等交流、培训，以及人事效率总监黄洪永，人力资源服务中心副总经理杨雁对人力资源管理等方面平时的交流和业务指导。

感谢宝钢股份冷轧厂厂长毛展宏以及宝钢国际原宣传部长徐志芳，提供了企业文化管理的案例、材料。

感谢宝钢集团“卓越人才发展小组”的同事顾斌、薛祖华、张艳对企业人才管理与文化方面提出的一些宝贵的建议、经验。

感谢我的朋友夏惊秋、顾长江与我一起回顾现场情景，补充了一些被遗忘的细节。

# 参考资料


[1] [美]杰克·韦尔奇著，自传[M]，曹彦博，孙立明，丁浩译，北京：中信出版社，2001.

[2] [美]迈克多·多伊尔，大卫·斯特劳斯著，刘天佑译，开会的革命[M]，北京：国际文化出版社，2004 年 1 月.

[3] 余世维著，《企业变革与文化》[M]，北京：北京大学出版社，2005 年 6 月.

[4] 杨全印，孙稼麟著，《学校文化研究》[M]，教育科学出版社，2005 年 11 月.

[5] 周士渊著，《知道更要做到》[M]，新华出版社，2006 年 2 月.

[6] 孔子著，《论语》[M]，山西古籍出版社，2006 年 6 月.

[7] 汪中求著，《细节决定成败》[M]，新华出版社，2006 年 7 月.

[8] [美]戴尔·卡耐基著，《成功之道全集》[M]，胡旋译，内蒙古文化出版社，2006 年 10 月.

[9] 曾仕强著，《中国式管理心经》[M]，中国工人出版社，2007 年 5 月.

[10] [日]今井正明著，《现场改善》[M]，华经译，机械工业出版社，2007 年 6 月.

[11] 吴思著,《潜规则——中国历史中的真实游戏》[M],复旦大学出版社,2009 年 2 月.

[12] [美]约翰·科特著,《紧迫感——在危机中变革》[M],王恩冕译,中信出版社,2009 年 3 月.

[13] 刘国胜著,《政治核心作用论》[M],人民出版社,2009 年 4 月.

[14] 郎咸平著,《公司治理》[M],社会科学文献出版社,2010 年 3 月.

[15] 余世维著,《企业软实力》[M],北京联合出版社公司,2011 年 6 月.

[16] [美]彼得·德鲁克著,《卓有成效的管理者》,许是祥译[M],机械工业出版社,2011 年 11 月.

[17] 司马光著,《资治通鉴》[M],中华书局出版发行,2012 年 1 月.

[18] 龙春华著,《行为心理学》[M],中国华侨出版社,2012 年 8 月.

[19] [美]弗雷德里克·泰勒,《科学管理理论》[M],马风才译,北京机械工业出版社,2013 年.